自然は子どもが大人になるまえに子どもであることを望んでいる。この順序をひっくりかえそうとすると、成熟もしていない、味わいもない、そしてすぐに腐ってしまう速成の果実を結ばせることになる。

ルソー（今野一雄訳）『エミール（上）』岩波書店　1962年　p.162

とびらのことば

フランスの思想家ルソー（1712－1778）は、250年以上も前に保育・幼児教育の重要性を説きました。それは、早期に文字や計算、スポーツを詰め込んで習得する、ということではありません。むしろその反対です。保育原理とは、こうした偉大な先輩たちの英知とつながる学びなのです。

つながる保育原理【第2版】

【シリーズ知のゆりかご】

井上孝之　小原敏郎　三浦主博　編

…イメージを学びの翼に…

みらい

執筆者一覧 （五十音順　○は編者）

飯島　典子（いいじま　のりこ）（宮城教育大学）	……………………	第4章
○井上　孝之（いのうえ　たかゆき）（岩手県立大学）	……………………	プロローグ、第1章
岩崎　基次（いわさき　もとつぐ）（盛岡大学短期大学部）	……………………	第10章
請川　滋大（うけがわ　しげひろ）（日本女子大学）	……………………	第2章
小野瀬剛志（おのせ　たけし）（仙台青葉学院短期大学）	……………………	第11章
○小原　敏郎（おはら　としお）（共立女子大学）	……………………	第9章、コラム③
塩谷　香（しおや　かおり）（國學院大學）	……………………	第5章
髙橋　貴志（たかはし　たかし）（白百合女子大学）	……………………	第7章
恒川　丹（つねかわ　あきら）（日本体育大学）	……………………	第3章
西垣　吉之（にしがき　よしゆき）（中部学院大学）	……………………	第6章
西本　佳子（にしもと　よしこ）（姫路福祉保育専門学校）	……………………	コラム④
橋村　晴美（はしむら　はるみ）（ユマニテク短期大学）	……………………	第6章
堀田　浩之（ほった　ひろし）（甲子園短期大学）	……………………	第12章
松本　純子（まつもと　すみこ）（東京成徳短期大学）	……………………	第8章
○三浦　主博（みうら　きみひろ）（仙台白百合女子大学）	……………………	第13章、コラム①
宮本　和行（みやもと　かずゆき）（姫路福祉保育専門学校）	……………………	コラム②

装丁：マサラタブラ
本文デザイン：エディット
イラスト：たきまゆみ

はじめに

　本書は、2018（平成30）年施行の「保育所保育指針」「幼稚園教育要領」「幼保連携型認定こども園教育・保育要領」及び2023（令和5）年に発足したこども家庭庁に関する内容に対応し、保育原理で学ぶべき保育の意義及び目的、保育に関連する法令や制度、保育の思想や歴史などについてわかりやすく理解できる内容となっています。

　近年、乳幼児期の保育・教育の重要性が以前より盛んに論じられています。その背景には、生涯発達における乳幼児期の重要性を実証する研究成果の発表や、意欲や創造性といった非認知能力への関心があります。一方、国内では、少子化や都市化の進行にともなう家族や地域のつながりの希薄化、家庭や地域の子育て力の低下など、子どもの育ちや子育てをめぐる環境が大きく変化しています。

　このように変化が激しい時代だからこそ、保育の基礎・基本を学ぶ保育原理が大切といえます。なぜなら、何事も"根っこ"である基礎がしっかりしていないと、それ以上の発展は望めないからです。本書を通して読者にはまず、保育の"根っこ"を学んでほしいと考えています。さらにもう一つ大切なこととして、学ぶ仲間と話し合ったり、自分と子どもや保護者との関わりを思い浮かべたりするなど、他者との"つながり"を意識して学びを深めてほしいと考えています。保育と同じく、一人一人の学びの芽が育つためには、他者との共育（共に育てる、育ち合う）が必要不可欠だからです。

　さて、本書には学びを支えるための次のような工夫がなされています。本書の構成は、まず各章の始めに、各自の興味・関心を引き出す導入として「エクササイズ」や学びの「ロードマップ」「キーワード」を示しています。本文は、初めて保育の専門知識を学ぶ者にも理解しやすいようにわかりやすい記述に努め、図・表やイラスト、写真といった視覚的な素材を多く提示しています。さらに各章の最後には、グループディスカッションやプレゼンテーションといったアクティブ・ラーニングを促す「演習課題」が用意されています。

　本書を通した学びが、各自の保育の基礎を育てるとともに、他者とのつながりを意識できる一助となればうれしく思います。最後に本書の発刊にあたり、編集や校正等において多大なるご尽力をいただいた株式会社みらいの三浦敬太氏に、この場をお借りして心より感謝申し上げます。

令和7年1月

編者

本書の使い方

・はじめにガイドのご紹介

このテキストの学びガイドの「ピー」と「ナナ」です。
2人はさまざまなところで登場します。
ひよこのピーはみなさんにいつも「子どもの声」が聞こえるように、
だるまのナナは学習でつまずいても「七転び八起き」してくれるようにと、
それぞれ願っています。2人をどうぞよろしく。

①イメージをもって学びをスタートしよう。

章のはじまりの扉ページはウォーミングアップです。イメージを膨らませつつ、学びの内容の見通しをもって学習に入るとより効果的です。あなたならではの自由な連想を広げてみよう。

②ふりかえるクセをつけよう。

紙面にメモ欄を設けています。思うように活用してください。

大切だと思ったことや感じたことを書き込んでください。あなたの学びの足跡となります。

ふりかえりメモ：

③自分から働きかけるアクティブな学びを意識しよう。

本書の演習課題は「ホップ→ステップ→ジャンプ」の3ステップ形式です。このスモールステップを繰り返すことによって、アクティブラーニング（「主体的な学び」「対話的な学び」「深い学び」）の充実を目指します。

ホップ
主体的にタネをまこう
まずは箇条書きでよいので、自分の考えや調べたことを書いてみましょう。これが学びの芽となります。

ステップ
対話的に芽を育てよう
ホップで書いたものをもとに、みんなと話し合ってみましょう。

ジャンプ
深めて花を咲かそう
ホップとステップで育てたアイデアや考えを、文章にまとめたりして、実りあるものにしましょう。

●エピソード（事例）について

本書に登場するエピソード（事例）は、実際の例をもとに再構成したフィクションです。登場する人物もすべて仮名です。

目　次

はじめに

本書の使い方

本書の構成の特徴
保育士養成課程のカリキュラムに準じつつ、保育の基本がなるべく具体的に伝わるように図やエピソードを盛り込みました。

プロローグ　−かけがえのない乳幼児期−　14

第1章　「保育の原理」とつながる
　　　　　−保育の根っこにあるもの−　16

第1節　保育は愛情あふれる営み　18
1．すべての児童には愛される権利がある　18
2．児童の最善の利益を考慮した保育　20

第2節　保育とはなにか　21
1．保育の理念と概念　21
2．保育所の目的　23

第3節　これからの保育　25
●演習課題「保育の原理について理解を深めよう」　27
コラム●ホイクのツボ①　保育に関する法令　28

第2章　「子どもの育ち」とつながる
　　　　　−子どもとは？　発達とは？−　30

第1節　一人一人の特性に応じた保育　32
1．生涯発達という視点　32
2．発達の個人差と要因　32
3．発達の個人差と保育　33

第2節　発達の原理　34
1．発達の方向性　34
2．発達の順序性　35
3．発達過程　36

第3節　子どもの姿にみられる発達　36
1．タブラ・ラサ？　36
2．赤ちゃんの有能さ　37
3．新生児模倣　38
4．視覚的断崖と社会的参照　38

第4節　アタッチメント（愛着）を築くために　39

1．アタッチメント（愛着）とは　39
2．アタッチメントの形成　40
3．アタッチメントのタイプ　40
4．アタッチメントと保育　41
5．発達の最近接領域と足場かけ　42
●演習課題「子どもの育ちやアタッチメント（愛着）について理解を深めよう」　42

第3章　「保育の行われている場所」とつながる
　　　　－保育施設をめぐるしくみ－　44

第1節　子どもの育ちとともにある主な保育施設　46
第2節　主な保育施設の種類－施設型保育　46

1．保育所　46
2．幼稚園　49
3．認定こども園　50

第3節　主な保育施設の種類－地域型保育　52

●演習課題「あなたの通っていた園を思い出してみよう」　53

第4章　「保育の基本」とつながる
　　　　－保育所保育指針等をもとに－　54

第1節　保育所保育指針の制度的位置づけ　56

1．保育のガイドラインとしての保育所保育指針　56
2．保育所保育指針の構成とつながり　57
3．「ねらい」と「内容」　58

第2節　生活と遊びを通して行う保育所保育　60

1．養護と教育の一体性　60
2．環境を通して行う教育及び保育　62

●演習課題「保育所保育に関する基本原則について理解を深めよう」　64

第5章　「保育のねらいと内容と方法」とつながる①
　　　　－乳児と1・2歳児－　66

第1節　3歳未満児の保育をめぐる現状　68

1．3歳未満児の保育の現状　68

2．子どもの最善の利益のために　68

第2節　「領域」と「視点」、「ねらい」と「内容」　69

第3節　乳児（0歳児）の保育のねらい　71

第4節　1歳以上3歳未満児の保育のねらい　72

第5節　3歳未満児の保育で大切にすること　73

　　●演習課題「担当制保育について考えてみよう」　76

第6章　「保育のねらいと内容と方法」とつながる②
　　　　－3歳以上児－　78

第1節　3歳以上児の保育をめぐる状況　80

　　1．3歳以上児保育のこれまで　80

　　2．3歳以上児の保育内容の共通化　80

　　3．保育所保育における幼児教育の積極的な位置づけ　81

　　4．3歳以上児保育のこれから　81

第2節　3歳以上児の保育のねらいと内容　83

　　1．ねらい及び内容の要点　83

　　2．幼児教育の方法（資質・能力はどのように育つのか）　85

　　3．幼児教育における子どもの見方・考え方　85

第3節　エピソードを通して考える　86

　　1．「とい遊びのなかで、さまざまなことを試そうとする姿から」（4歳児、9月）　86

　　2．エピソード考察のまとめ　89

　　●演習課題「エピソードを振り返って考えてみよう」　90

　　　コラム●ホイクのツボ②　保育とは「子どもと保育者との人間関係」です　91

第7章　「幼児期の終わりまでに育ってほしい姿」とつながる
　　　　－小学校との接続－　92

第1節　幼児期の終わりまでに育ってほしい姿　94

　　1．子どもの発達と学びの連続性　94

　　2．「幼児期の終わりまでに育ってほしい姿」と「幼稚園教育において育みたい資質・能力」　96

　　3．「幼児期の終わりまでに育ってほしい姿」のとらえ方　97

第2節　幼保こ小の接続と保育者　99

　　1．幼保こ小接続の視点　99

　　2．保育者の視点から見た幼保こ小接続　101

　　●演習課題「自分自身の卒園と入学を振り返ってみましょう」　103

第8章 「保育の計画」とつながる
－教育課程・全体的な計画とカリキュラム・マネジメントー … **104**

第1節　保育における計画とは　**106**
1．教育課程・全体的な計画　**106**
2．指導計画　**107**
3．「長期の指導計画」と「短期の指導計画」　**108**
4．指導計画作成の方法　**109**
5．一人一人を大切にする保育のために　**112**

第2節　保育におけるPDCAサイクル　**113**
1．PDCAサイクルとは　**113**
2．PDCAサイクルの重要性と保育記録の活用　**114**

第3節　保育におけるカリキュラム・マネジメント　**115**
1．カリキュラム・マネジメントとは　**115**
2．保育の振り返りに役立つ記録　**116**
●演習課題「保育の計画の意義と、評価・反省・改善への道筋を整理してみよう」　**117**

第9章 「保育の専門家への道」とつながる
－これからの保育者論－……………………………… **118**

第1節　保育者に求められる専門性　**120**
1．保育者の専門性とは　**120**
2．専門性向上の基本となる「持続性」と「関係性」　**121**
3．求められる倫理観とは　**122**

第2節　保育者のキャリアパスの明確化と保育の質向上のために　**124**
1．保育者のキャリアパス　**124**
2．保育の質向上のための取り組み　**125**

第3節　研修の必要性と求められる資質　**127**
1．研修の必要性　**127**
2．これからの園や保育者に求められる「レジリエンス」　**128**
●演習課題「保育者を目指すにあたって、どのような学びが必要かを考えてみよう」　**128**

第10章 「子育て支援」とつながる
－保護者と地域とのコミュニケーション－ … **130**

第1節 子育てをめぐる家庭と社会の状況 **132**
1．少子化と待機児童の問題 **132**
2．児童虐待と子どもの貧困の問題 **134**

第2節 保育における子育て支援 **138**
1．「1 保育所における子育て支援に関する基本的事項」について **138**
2．「2 保育所を利用している保護者に対する子育て支援」について **139**
3．「3 地域の保護者等に対する子育て支援」について **141**
●演習課題「子育て支援について理解を深めよう」 **143**

第11章 「海外の保育思想と歴史」とつながる ………… **144**

第1節 海外の保育思想と歴史を学ぶ意義 **146**
第2節 西洋における古代から中世までの教育 **146**
1．古代ギリシャ、ローマの教育 **146**
2．中世ヨーロッパの教育 **147**

第3節 近代ヨーロッパにおける保育・教育思想 **148**
1．中世の終わり（ルネサンスの始まり）から近代へ **148**
2．近代ヨーロッパにおける保育思想と実践 **150**

第4節 現代の保育・教育思想 **153**
第5節 海外の保育思想や歴史と意識的につながること **155**
●演習課題「海外の保育・教育思想について理解を深めよう」 **155**
((コラム●ホイクのツボ③ 海外の保育思想と歴史のつながり **157**

第12章 「日本の保育思想と歴史」とつながる ………… **158**

第1節 古代から江戸時代までの日本の保育観 **160**
1．誕生を祝う行事の移り変わり **160**
2．子どもを慈しむ思想は昔からありました **160**

第2節 江戸時代から明治維新までの日本の保育観 **161**
1．江戸時代はどんな時代だったのでしょうか？ **161**
2．江戸時代に生まれた子どもに関する思想は？ **161**
3．江戸時代の学びの場は？ **162**
4．海外からの刺激を受けて **162**

第3節　明治時代から昭和20年（終戦）までの保育　163
　1．近代保育・教育思想のはじまり　163
　2．東京女子師範学校附属幼稚園の誕生　163
　3．子守学校、貧民幼稚園の誕生　165
　4．幼児教育の進展の時期　165
　5．長い戦争の時代に入って…　166

第4節　昭和20年8月15日から　166
　●演習課題「日本の保育思想の流れを振り返ってみよう」　167
　　(((コラム●ホイクのツボ④　制服はなんのためにあるの？　169

第13章　「保育の現状と課題」とつながる　……………　170

第1節　世界の保育の現状と課題　172
　1．世界における保育　172
　2．保育の質の向上　176
　3．注目されている保育実践　180

第2節　日本における保育の現状と課題　181
　1．子ども・子育て支援新制度　181
　2．こども家庭庁とこども基本法　182
　3．子ども・保育に関連する日本の課題　185
　●演習課題「保育の現状や動向について理解を深めよう」　188

索引　190

プロローグ　かけがえのない乳幼児期

「六つになった」

A.A.ミルン（周郷博 訳）¹⁾

　一つのときは、
　なにもかもはじめてだった。
　二つのときは、
　ぼくは　まるっきり　しんまいだった。
　三つのとき、
　ぼくは　やっと　ぼくになった。
　四つのとき、
　ぼくはおおきくなりたかった。
　五つのときには、
　なにからなにまでおもしろかった。
　今は六つで
　ぼくは　ありったけ　おりこうです。
　だから　いつまでも
　六つでいたいと　ぼくはおもいます。

　　この詩の原題は「Now We Are Six」です。1927年にアラン・アレキサンダー・ミルン（Alan Alexander Milne）によって発表されました。邦訳は教育学者の周郷博です。翻訳はいくつかありますが、この訳が私には一番子どもの心を表しているように感じられます。ミルンは、息子のクリストファー・ロビンがもっていたテディベアの人形をモチーフに児童小説を作ります。それが、あの有名な「くまのプーさん」です。驚いたでしょう。
　　この詩は子どもの年齢ごとの気持ちをとてもわかりやすく表現しています。もう一度読んでみましょう。あなたの乳幼児期の生活が思い出されませんか？　保育所や幼稚園での思い出がよみがえってきませんか。
　　乳児期を過ぎて、一つのときの経験は、何もかもはじめてです。二つになると、周囲の人々との関わりも出てきます。しかし、何をするにつけても、周囲の人々にはかないません。まるっきり新米です。三つになると、自分の気持ちもわかるようになります。誰

かに名前を呼ばれれば返事もできます。四つのときには、早く大きくなりたいと感じ、五つのときにはさまざまなことにチャレンジし、できるようになってきます。六つになると、周りの友だちとも仲良く遊んだり、我慢したり、折り合いをつけたり、必要に応じてルールを考えたり、教え合ったりしながら、友だちと楽しく生活ができます。だから、この六つのときがいつまでも続いてほしいと願うのです。子どもたちは、誰もがこのような気持ちをもって育ちます。小学校1年生になるのはうれしいのですが、仲のいい友だちや先生と離れることはつらくて、卒園式には涙も流します。

　このミルンの詩の真っ只中にいる子どもたちは、いくつの子どもたちも生きる歓びに輝いています。乳幼児期の子どもと過ごす日々はとても楽しいことでしょう。しかし、保育者として一人一人の成長を理解し、発達を支え、遊びに集中できる環境を整えて行く仕事はとても大変なことです。同時にとても大切な仕事です。

　子どもたちは成長を待ってくれません。その時どきに応じた子どもへの最適な関わりが常に求められます。子どもが人生のなかでもっとも急速に発達する時に、子どもの成長に携わる保育者はいつも子どもの育ちのために一番適当であると考える言葉がけや一人ひとりの育ちを支えるよう、日々の保育にあたります。一つのときの子どもへの援助も、六つでありったけおりこうな子どもへの援助も、どの時期が一番大切というものではありません。子どもたちは日々の生活の流れのなかで育っていきます。乳幼児期は1日1日がかけがえのない時間です。そのため保育者には、常に学び続ける姿勢が求められるのです。

　本書には、乳幼児期の子どもたちに寄り添い、子どもの成長を支え、一緒に喜び、一緒に悩んだり、見守ったりしてくれる保育者になるために必要な内容を編み込みました。
　現在の保育所、幼稚園、認定こども園もはじめから今の姿であったわけではありません。世界で最初の幼稚園は1840年にドイツの幼児教育者フリードリヒ・フレーベルが設立しました。また、日本の保育所は19世紀末に姉弟を連れて学校に来る女児が勉強に集中できるように、幼い子どもを預かってくれたことから始まります。その後、乳幼児期の保育や教育はその時代背景や子どもへの期待に応じて、しつけが中心であったり、先生が用意した遊びを行ったり、自分で好きな遊びをしたりと、変化してきました。
　「保育原理」は、保育者として子どもに関わるうえでの学びの礎です。保育者を目指すあなたには、子どもへの愛情を確認しながら、保育の目標や内容、歴史、思想、子どもの発達、指導計画など、今日の保育が現在に至った保育の基礎を学んでほしいと願っています。

【引用文献】
1）周郷博『母と子の詩集（現代教育101選）』国土社　1990年

第1章

「保育の原理」とつながる
―保育の根っこにあるもの―

 エクササイズ　　自由にイメージしてみてください

あなたが思い描く理想の保育者はどのようなイメージですか？　反対に悪い保育者のイメージは？

第1章 「保育の原理」とつながる ―保育の根っこにあるもの―

この章のまとめ！

学びのロードマップ

- 第1節　保育は愛にあふれた営みです。心のこもった先輩たちのメッセージにふれてみましょう。
- 第2節　保育とは何か？　その定義を考えます。
- 第3節　これからの保育に求められているものを解説します。

この章の なるほど キーワード

■ **「児童の最善の利益」**…1989（平成元）年に国際連合で採択された「児童の権利に関する条約（通称：子どもの権利条約）」の基本原則です。子どもと関わる時、何がもっともその子どもにとって最善となるかを考えて援助することが求められます。

大人の都合ではなく、子どもファースト（子どもの立場を第一に考える）ということですね。

第1節　保育は愛情あふれる営み

1．すべての児童には愛される権利がある

（1）保育原理を学ぶということ

　みなさんは幼い子どもが好きですか？ それとも嫌いですか？　保育者を目指そうとする人は、幼い子どものことが大好きで、一緒にいることがうれしくてとても楽しく感じられるようです。しかし、それほど子どものことは好きではないけれど、子どもに関する仕事に就きたいと考え、保育の学びをしている人がいるかもしれません。

　私たちの考え方は、その人の育った環境や出来事、出会った人々によって、一人一人異なっています。それは当たり前のことです。保育を学ぼうとするみなさんも、学ぶ理由は一人一人違っているでしょう。これから保育を学ぶことによって、子どものことがもっと好きになったり、嫌いになったりするかもしれません。"決心は生き物"です。「保育者になろう！」と決心しても、これからの人生で、心を大きく動かされるような出来事があれば、保育者以外の道を進もうと、気持ちが変わるかもしれません。

　しかし、保育者ではない道に進んだとしても、保育原理は決して無駄な学びではありません。なぜなら、みなさんに子どもができれば、みなさんは親になるのです。その時には、保育原理を学んでよかったと思うことでしょう。もし、みなさんが親にならないとしても、子どものことを学んだ専門家として、近くで子育てに悩む人々にアドバイスをしたり、子どもや子育てに理解のある隣人として子育ての社会化に貢献してくれることでしょう。

（2）愛にあふれた保育者になるために

　保育者になるためには、さまざまな学びを修める必要があります。いわゆる養成校（大学・短大・専門学校等）に入学し、講義や演習、実習の単位をすべて修得して無事卒業すれば、保育の専門家としての「保育士証」や「幼稚園教諭免許状」を取得することができます。また、一定の条件が整えば、都道府県で実施している保育士試験を個人で受験して保育士資格を取得することも可能です。

　保育に必要な学びには、時代が変わっても変わらないもの（不易）と時代とともに変わるもの（流行）があります。私たちの生活は日々変化しています。子どもがたくさん産まれた時代はベビーブームと言われ、子どもの産まれる数が少なくなると少子化と言われます。生まれる数よりもなくなる数の方が多くなればそれは人口減少と言われます。現在は、人口減少社会です。私た

第1章 「保育の原理」とつながる―保育の根っこにあるもの―

ちがかつて経験したことのない社会です。これまでの経験知や価値観では対応できないこともあるでしょう。より良い保育を行うためには、現在の保育がどのような経緯をたどってきたのか、これからの課題は何かなど、多くの基礎的な内容を総合的・体系的に学習する必要があります。

現在の必要な科目名と内容は次の通りです[*1]。

> ○保育の本質・目的に関する科目　○保育の対象の理解に関する科目
> ○保育の内容・方法に関する科目　○保育の表現技術
> ○保育実習　　　　　　　　　　　○総合演習

*1 2018（平成30）年4月現在。2019（平成31）年度からは、科目名や履修内容の変更が予定されています。

それらの学びを終えて、最後の保育実習に臨んだ実習生の日誌からコメントを紹介しましょう[1]（下線は筆者）。

実習生の日誌より

> 実習を通して、保育者が子どもの成長に関わる大きな存在であること、そして子どもの命を預かるという責任を担っていることを実感した。これは実習させていただかなかったらわからなかった学びである。また、実習中には子どもたちと関われば関わるほどその子のことが愛おしくなり、大切に想う気持ちが大きくなっていた。一人一人を知っていくことで、その子に合わせたかかわり方も変わっていくことがわかり、保育者には子どもに合わせたかかわりを行っていくための支援の柔軟性が求められるのだと感じた。（佐藤千花）

実習生の日誌より

> 子どもに多くのことを教えるという姿勢よりも、子どもと同じ視座に立ち、ともに学び合うという姿勢で保育に臨みたい。そして、子どもと同じものを見て、ともに悲しみ、喜び、感動し合い、子どもにも保護者にも愛情をたっぷりと注ぐことができる保育者になりたい。（高橋春香）

佐藤千花さんは、子どもと関わることでその子どもが愛おしく思えるようになり、命を預かる保育士の責任感を感じるようになりました。また、高橋春香さんは、子どもに対し、先生として教え込むのではなく、幼くても人として同じ立場でともに学び合い、愛情をたっぷりと注げる保育者になる決意をしています。これらは保育の学びをしっかりと修めたあらわれでしょう。

　見返りを求めない無条件の子どもへの愛情に加えて、保育者としての知識や技能が備わって真の保育者になります。そのためには、保育士資格取得後も一人一人が常に向上心をもって学ぼうとすることが大切です。

2. 児童の最善の利益を考慮した保育

　子どもの福祉に関わる最も大切な法律に児童福祉法[*2]があります。児童福祉法は戦後間もない1947（昭和22）年に制定されました。その後、何度も改正されてきましたが、児童福祉法の理念規定は見直されておらず、児童が権利の主体であることは明確ではありませんでした。しかし、1989（平成元）年、国連は「児童の権利に関する条約（通称：子どもの権利条約）」を採択し、日本では1994（平成6）年に批准されました。この条約では、「児童の最善の利益」が明示されており、子どもの権利を保障し、大人の利益や都合が優先されることがないように考慮することが求められるようになったのです。さらに2016（平成28）年には、児童福祉法も改正され、第1条では、主語が「国民」から「児童」に変わりました。それでは、第1条を読んでみましょう（下線は筆者）。

[*2] 児童の福祉を保障するためにあらゆる児童がもつべき権利や支援が定められた児童福祉の基本法。戦後、児童福祉を担当する公的機関の組織や、各種施設及び事業に関する基本原則を定めるために制定された（昭和22年12月12日法律第164号）。

2016年、約70年ぶりに児童福祉法の理念が変わり、「子どもの最善の利益」がキーワードとなりました。

児童福祉法
第1条　全て児童は、児童の権利に関する条約の精神にのつとり、適切に養育されること、その生活を保障されること、<u>愛され</u>、保護されること、その心身の健やかな成長及び発達並びにその自立が図られることその他の福祉を等しく保障される<u>権利</u>を有する。

　第1条を要約すれば、"すべての児童は愛される権利をもっている"となります。そんなことは当たり前だと思うかもしれません。しかし、現代の私たちの社会では、"児童は愛される権利がある"と法律で定めなければならない社会になってしまったのです。どうしてなのでしょう。
　では、第2条を見てみましょう。

第2条　全て国民は、児童が良好な環境において生まれ、かつ、社会のあらゆる分野において、児童の年齢及び発達の程度に応じて、その意見が尊重され、<u>その最善の利益が優先して考慮され</u>、心身ともに健やかに育成されるよう努めなければならない。
2　児童の保護者は、児童を心身ともに健やかに育成することについて<u>第一義的責任</u>を負う。

> 3　国及び地方公共団体は、児童の保護者とともに、児童を心身ともに健やかに育成する責任を負う。

　第2条では、国民は児童の最善の利益を優先して健やかに育成すること。そして、児童の保護者には第一義的責任があることが定められています。これらは、急速に増え続ける子どもへの虐待や子どもの存在をないがしろにした大人中心の社会問題があまりにも多く、子どもが大人から愛されない時代になってしまっていることが反映されているのでしょう。

第2節　保育とはなにか

1．保育の理念と概念

（1）「保育」と「教育」

　2017（平成29）年の保育所保育指針では、「幼児教育を行う施設として共有すべき事項」が新設されました。同年の「幼稚園教育要領」「幼保連携型認定こども園教育・保育要領」にも同じ内容が盛り込まれています。これにより、3歳以上の幼児期の施設における教育はすべて「幼児教育」と定められることとなりました。さらに、幼稚園教育要領と幼保連携型認定こども園教育・保育要領の各領域の「ねらい」「内容」「内容の取り扱い」も共通の内容が示されており、幼児にとっては、どの施設に通っても、同様の幼児教育が受けられることとなったのです。

　「保育」が初めて文献で用語として使われたのは、1876（明治9）年に東京女子師範学校附属幼稚園（現在のお茶の水女子大学附属幼稚園の前身）の規則のなかにある「小児保育」と「保育科」と言われています。それ以降の「幼児教育」には「保育」という用語が用いられています。

　1947（昭和22）年には、教育基本法と学校教育法が制定されました。学校教育法では、幼稚園の目的として「幼稚園は幼児を保育し」と定められています。その理由は、これを起草した坂元彦太郎[*3]が、「保育」とは「保護」と「教育」を合わせて略したものであるととらえたからです。坂元は、外からの「保護」と内からの「発達」を助けることを一体として考え、「保育」の用語を用いたのです。

　一方、1947（昭和22）年に公布された児童福祉法では、「保育所は、日日保護者の委託を受けて、その乳児又は幼児を保育することを目的とする施設とする」と規定されています。「保育所」という名称もこの時に定められました。

*3
日本の教育・保育学者（1904－1995）。戦後、文部省初等教育課長などを歴任。六三制学制改革の原案を作り、幼稚園教育を学校教育法のなかに位置づけた。

そして、前述の通り2017（平成29）年の保育所保育指針、幼稚園教育要領、幼保連携型認定こども園教育・保育要領では、保育所、幼稚園、幼保連携型認定こども園はすべて「幼児教育を行う施設」として定められました。これまで、保育所と幼稚園は同年齢の子どもたちを対象としながら、児童福祉施設、学校教育施設として歩んできました。そのため、同じ用語でもそれぞれの文化のなかで使われ方が異なっていました。この改定（訂）でも制度が先に示されたため、言葉の整理や用語の用いられ方のニュアンスにまだ違いが残っています。

（2）「養護」と「教育」

　保育は「養護」と「教育」を一体的に行う、と言われます。一見すると、「養護」と「教育」が並列しており、別々のものを一体にする印象を受けます。しかし、そうではありません。下の絵を見てみましょう。

　白い部分に注目すれば、壺のような形に見えます。これは「ルビンの壺」と言われる作品です（図1-1）。しかし、今度は反対に黒い部分に注目して見ましょう。するとどうでしょう。誰かの横顔が向かい合っているようには見えませんか？　保育学の専門家である阿部和子氏は、ルビンの壺を用いて、「養護と教育が一体となった保育」のイメージを見事に表現しました[2]。これは「養護」だけでも保育は成り立たず、「教育」だけでも保育は成り立たないことを示しています。

　また、図1-2のように「養護」と「教育」の関係は、乳幼児の年齢に合わせてその比重が変化していきます[3]。

図1-1　ルビンの壺

出典：社会福祉法人全国社会福祉協議会・全国保育士会・保育の言語化等特別委員会『養護と教育が一体となった保育の言語化』2016年

つぼ？それとも人の顔の絵？

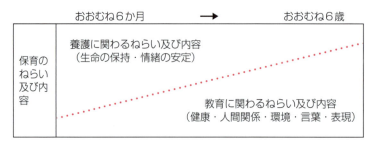

図1-2　「養護」と「教育」の比重

出典：井上孝之ら編『子どもと共に学びあう　演習・保育内容総論』みらい　2014年

(3)「教育」のなかの「保育」

　教育基本法第11条に示された「幼児期の教育」は広い意味での「教育」です。広い意味での「教育」には家庭教育や地域での教育も含まれます（下線は筆者）。

教育基本法

　第11条　幼児期の教育は、生涯にわたる人格形成の基礎を培う重要なものであることにかんがみ、国及び地方公共団体は、幼児の健やかな成長に資する良好な環境の整備その他適当な方法によって、その振興に努めなければならない。

　さらに、学校教育法では幼稚園の目的として「義務教育及びその後の教育の基礎を培う」ために、「幼児を保育し」と示しています。

学校教育法

　第22条　幼稚園は、義務教育及びその後の教育の基礎を培うものとして、幼児を保育し、幼児の健やかな成長のために適当な環境を与えて、その心身の発達を助長することを目的とする。

---

2. 保育所の目的

(1) 保育所の目的と保育士資格

　児童福祉法では、保育所や幼保連携型認定こども園の目的を示しています。

児童福祉法

　第39条　保育所は、保育を必要とする乳児・幼児を日々保護者の下から通わせて保育を行うことを目的とする施設（利用定員が20人以上であるものに限り、幼保連携型認定こども園を除く。）とする。

　第39条の2　幼保連携型認定こども園は、義務教育及びその後の教育の基礎を培うものとしての満3歳以上の幼児に対する教育（教育基本法（平成18年法律第120号）第6条第1項に規定する法律に定める学校において行われる教育をいう。）及び保育を必要とする乳児・幼児に対する保育を一体的に行い、これらの乳児又は幼児の健やかな成長が図られるよう適当な環境を与えて、その心身の発達を助長することを目的とする施設とする。

　2　幼保連携型認定こども園に関しては、この法律に定めるもののほか、認定こども園法の定めるところによる。

保育所や幼保連携型認定こども園の目的は、「保育を必要とする乳児・幼児に対し保育を行うこと」です。このことが児童福祉法には明確に示されています。また、児童福祉法には、「保育士」の役割も位置づけられています。保育士資格は資格取得者以外の者がその資格を呼称できないことから、名称独占資格と言われています。

> **児童福祉法**
> 第18条の4　この法律で、保育士とは、第18条の18第1項の登録を受け、保育士の名称を用いて、専門的知識及び技術をもつて、児童の保育及び児童の保護者に対する保育に関する指導を行うことを業とする者をいう。

（2）保育の目標

　保育所、幼稚園、幼保連携型認定こども園の「保育の目標」を見ていきましょう。

表1－1　保育所・幼稚園・幼保連携型認定こども園の「保育の目標」

		保育所	幼稚園	幼保連携型認定こども園
出　典		保育所保育指針 第1章総則 1 保育所保育に関する基本原則 　（2）保育の目標	学校教育法 第23条	認定こども園法 第9条
教　育	健康	健康、安全など生活に必要な基本的な習慣や態度を養い、心身の健康の基礎を培うこと。	健康、安全で幸福な生活のために必要な基本的な習慣を養い、身体諸機能の調和的発達を図ること。	
	人間関係	人との関わりの中で、人に対する愛情と信頼感、そして人権を大切にする心を育てるとともに、自主、自立及び協調の態度を養い、道徳性の芽生えを培うこと。	集団生活を通じて、喜んでこれに参加する態度を養うとともに家族や身近な人への信頼感を深め、自主、自律及び協同の精神並びに規範意識の芽生えを養うこと。	
	環境	生命、自然及び社会の事象についての興味や関心を育て、それらに対する豊かな心情や思考力の基礎を培うこと。	身近な社会生活、生命及び自然に対する興味を養い、それらに対する正しい理解と態度及び思考力の芽生えを養うこと。	
	言葉	生活の中で、言葉への興味や関心を育て、話したり、聞いたり、相手の話を理解しようとするなど、言葉の豊かさを養うこと。	日常の会話や、絵本、童話等に親しむことを通じて、言葉の使い方を正しく導くとともに、相手の話を理解しようとする態度を養うこと。	
	表現	様々な体験を通して、豊かな感性や表現力を育み、創造性の芽生えを培うこと。	音楽、身体による表現、造形等に親しむことを通じて、豊かな感性と表現力の芽生えを養うこと。	
養　護		十分に養護の行き届いた環境の下に、くつろいだ雰囲気の中で子どもの様々な欲求を満たし、生命の保持及び情緒の安定を図ること。		
保護者支援		保育所は、入所する子どもの保護者に対し、その意向を受け止め、子どもと保護者の安定した関係に配慮し、保育所の特性や保育士等の専門性を生かして、その援助に当たらなければならない。		

出典：筆者作成

保育所における保育の目標は、「保育所保育指針」第1章総則に示されています。保育内容5領域の教育の目標だけでなく、養護と保護者支援の目標も明記されています。また、幼稚園は学校教育法第9条に、幼保連携型認定こども園は認定こども園法第9条に同じ文言で目標が示されており、保育内容5領域の教育の部分については、保育所と共通する内容になっていることがわかります。これらは、とても大切な内容ですので、第4章でも詳しく学びます。

第3節　これからの保育

　2017（平成29）年の保育所保育指針、幼稚園教育要領、幼保連携型認定こども園教育・保育要領では、幼児教育を行う施設として、「育みたい資質・能力」「幼児期の終わりまでに育ってほしい姿」が盛り込まれています（図1-3。第7章参照）。また、保育所、幼保連携型認定こども園では、これまでの保育内容5領域（教育）が、年齢によって大きく3つに区分されて記載されるようになりました。乳児保育は「3つの視点」、1歳～3歳未満児、3歳以上児はそれぞれに「5領域」として示されています（第5章・第6章参照）。

　詳細はこのあとの章にまとめていますが、注意しなければならないのは、**幼児期の教育は環境を通して行われる**ことです。子どもが主体として自ら環境に働きかけて好きな遊びを通して学んでいくのです。このことは、1989（平成元）年の幼稚園教育要領の改訂、1990（平成2）年の保育所保育指針の改定の時から変わっていない保育の基本的な考え方です。子どもたちは、自ら環境に働きかけて好きな遊びを通して主体的に学んでいくのです。保育は大人（保育者）が主人公でありません。

　さらに、これからの保育士として、より実践力のある専門家となるために、保育士養成課程等検討会では、保育を取り巻く社会情勢の変化を踏まえて、学習内容の見直しの方向性を示しました[4]。保育士にはこれら一つ一つを丁寧に学んで行くことが求められています。

ふりかえりメモ：

①乳児保育（3歳未満児を含む）の充実
②幼児教育の実践力の向上
③「養護」の視点を踏まえた実践力の向上
④子どもの育ちや家庭への支援の充実
⑤社会的養護や障害児保育の充実
⑥保育者としての資質・専門性の向上

　上記の項目は保育士向けに示されたものです。しかし、幼稚園や認定こども園の保育者にも、社会情勢の変化に対応できる保育力を備えておくべきでしょう。そのためには、すべての保育者が、指針や要領を熟読し十分に理解し、保育にあたる必要があります。変化に柔軟に対応するためには基礎を固めることが大切だからです。日々の子どもの姿から、その子の育つ力を読み取って、育つ力を支えるために、適当な環境を整え援助してほしいと考えます。社会の状況が変わっても、子どもに関わる大人も子どもも、行きつ戻りつしながら育っていくのです。

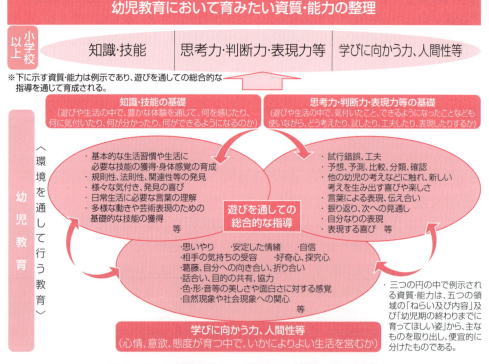

図1−3　幼児教育において育みたい資質・能力の整理

出典：文部科学省 中央教育審議会 教育課程部会 幼児教育部会「幼児教育部会における審議の取りまとめについて（報告）」2016 年
http://www.mext.go.jp/b_menu/shingi/chukyo/chukyo3/057/siryo/attach/_icsFiles/afieldfile/2016/06/29/1373429_01.pdf

第1章「保育の原理」とつながる―保育の根っこにあるもの―

 演習課題

● 本章で学んだ「保育の原理」について理解を深めよう。

ホップ　保育所保育指針にある「保育所保育に関する基本原則」をあなたなりに理解した図であらわしてみよう。

ステップ　ホップで描いた図をもとに、グループでそれぞれの図の良さや改善点を話し合ってみよう。

ジャンプ　振り返りの意味を込めて、話し合ったことを文章にしてみよう。

【引用文献】
1）岩手県立大学社会福祉学部「児童福祉実習Ⅲ 実習報告会資料」2017年
2）社会福祉法人全国社会福祉協議会・全国保育士会・保育の言語化等検討特別委員会『養護と教育が一体となった保育の言語化』2016年
3）井上孝之ら編『子どもと共に学びあう　演習・保育内容総論』みらい　2014年
4）保育士養成課程等検討会「保育士養成課程等の見直しについて～より実践力のある保育士の養成に向けて～（検討の整理）」2017年

> コラム　ホイクのツボ①

保育に関する法令

　保育所、幼稚園、認定こども園はどのような法的な体系のなかに位置づけられているのか、保育に関する諸法令についてみていきましょう。

　まず、わが国における保育や教育をはじめとする法律の基底になっているのが、**日本国憲法**です。一例を挙げると、第25条では社会福祉や社会保障について、第26条では教育を受ける権利と義務について明記されています。また、国連による**児童の権利に関する条約**をわが国でも締結しており、子どもの権利に関して立法や行政等の措置を講じています。特に第3条の「児童の最善の利益」は、保育における基本的でかつ重要な理念として、児童福祉法や保育所保育指針等にも明記されています（1章 p.20、9章 p.122 参照）。2022（令和4）年6月には、子どもの権利を包括的に保障する**こども基本法**が新しく成立しています。

●保育所

　保育所は、**社会福祉法**第2条で規定する第2種社会福祉事業、**児童福祉法**の第7条で規定される児童福祉施設の一つです。児童福祉法の下位の法令として、政令（内閣が制定する命令）である**児童福祉法施行令**と、厚生労働省令の省令の**児童福祉法施行規則**があり、児童福祉に関する規定と認可、届出、指定などに関して規定されています。児童福祉法第45条に基づき制定されている厚生労働省令に**児童福祉施設の設備及び運営に関する基準**があり、保育所についての設備の基準、職員、保育時間などが示されています。この基準の第35条に基づき、保育所の保育内容として、厚生労働大臣により**保育所保育指針**が告示されています（4章を参照）。

●幼稚園

　幼稚園は、**教育基本法**の理念を受け制定されている**学校教育法**第1条に定められている学校の一つです。学校教育法には下位の法令として、政令の**学校教育法施行令**と、文部科学省の省令の**学校教育法施行規則**があり、学校教育に関する規定と認可、届出、指定などに関する規定などが定められています。学校教育法第3条に基づき制定されている文部科学省令に**学校設置基準**があり、幼稚園についての学級編成や教職員、施設及び設備が示されています。学校教育法施行規則第38条に基づき、幼稚園の教育課程および保育の内容については、文部科学大臣により**幼稚園教育要領**が告示されています。

●認定こども園

　認定こども園は、**就学前の子どもに関する教育、保育等の総合的な提供の推進に関する法律（認定こども園法）**に基づき設置されています。特に幼保連携型認定こども園については、内閣府・文部科学省・厚生労働省の省令である**幼保連携型認定こども園の学級の編成、職員、設備及び運営に関する基準**により定められており、教育課程および教育・保育内容等については、認定こども園法第9条に基づき、3省の主務大臣により**幼保連携型認定こども園教育・保育要領**が告示されています（保育の制度については3章を参照）。

第1章「保育の原理」とつながる─保育の根っこにあるもの─

表　保育に関連する諸法令

日本国憲法と子どもの権利条約と指針・要領がきれいにつながっていますね！

- **日本国憲法**：日本の現行憲法であり、いずれの法令もここにのっとって定められている。
- **児童の権利に関する条約**：国連による子どもの権利（子どもの最善の利益等）を定めている条約。子どもに関する法令はここにのっとって定められている。
- **こども基本法**：こども施策を総合的に推進することを目的とした法律。

認定こども園：保育所型／幼保連携型／幼稚園型

保育所

- **社会福祉法**：社会福祉について規定している法律である。
- **児童福祉法**：児童の福祉を担当する公的機関の組織や各種施設及び事業に関する基本原則を定める法律である。社会福祉六法の一つ。
- **児童福祉法施行令**：児童福祉法に基づき定められた政令であり、児童福祉に関する規定と認可、届出、指定などに関する規定を主に行う。
- **児童福祉法施行規則**：児童福祉法、児童福祉法施行令の下位法として定められた厚生労働省が所管する省令である。
- **児童福祉施設の設備及び運営に関する基準**：児童福祉法第45条の規定に基づき、厚生労働省が定めた児童福祉施設を設置するために必要な最低の基準である。
- **保育所保育指針**：厚生労働省が告示する保育所における保育の内容に関する事項及びこれに関する運営事項を定めたもの。

幼保連携型

- **就学前の子どもに関する教育、保育等の総合的な提供の推進に関する法律**：小学校就学前の子どもに対する教育及び保育並びに保護者に対する子育て支援の総合的な提供を推進するための措置を講じ、地域において子どもが健やかに育成される環境の整備に資することを目的とし、認定こども園の設置における、学校教育法や児童福祉法の特例について規定している。
- ＊ **幼保連携型認定こども園の学級の編成、職員、設備及び運営に関する基準**：幼保連携型認定こども園について定めた基準である。
- **幼保連携型認定こども園教育・保育要領**：内閣府・文部科学省・厚生労働省が幼保連携型認定こども園の教育課程その他の教育及び保育の内容に関する事項を定めたもの。

幼稚園

- **教育基本法**：①教育についての原則を規定している法律である。②日本国憲法の精神にのっとり、日本の未来を切り拓く教育の基本を確立し、その振興を図るため制定された法律である。
- **学校教育法**：①学校教育制度の根幹を定める法律である。②日本国憲法、教育基本法の理念を受けて、学校制度の基準を定めた法律である。
- **学校教育法施行令**：学校教育法に基づき定められた政令であり、義務教育に関する規定と認可、届出、指定に関する規定を主に行う。
- **学校教育法施行規則**：学校教育法、学校教育法施行令に定められた文部科学省が所管する省令である。
- **幼稚園設置基準**：学校教育法第3条の規定に基づき、文部科学省が定めた幼稚園を設置するために必要な最低の基準である。
- **幼稚園教育要領**：文部科学省が告示する幼稚園における教育課程その他の保育内容の基準を定めたもの。

＊就学前の子どもに関する教育、保育等の総合的な提供の推進に関する法律第3条第2項及び第4項の規定に基づき内閣総理大臣、文部科学大臣及び厚生労働大臣が定める施設の設備及び運営に関する基準：幼稚園型、保育所型、地方裁量型の認定こども園について定めた基準である。

出典：佐伯一弥ほか『Workで学ぶ保育原理』わかば社　2015年　p.17を一部改変

第2章
「子どもの育ち」とつながる
― 子どもとは？ 発達とは？ ―

エクササイズ　　自由にイメージしてみてください

ヒトの赤ちゃんが育つにあたって、どうして大人からの愛情あるケアが必要になるのだと思いますか？

第2章「子どもの育ち」とつながる―子どもとは？ 発達とは？―

学びのロードマップ

- 第1節　一人一人の子どもの特性に応じた保育がなぜ大切なのかを、発達の視点から考えます。
- 第2節　「発達」の原理について学びます。
- 第3節　赤ちゃんのもつ能力や学びの姿に注目します。
- 第4節　アタッチメント（愛着）の重要性について学習します。

この章の なるほど キーワード

■「**アタッチメント（愛着）**」…イギリスの精神科医ボウルビィ（Bowlby,J.）が提唱した概念で、特定の人物に対して抱く心理的・情緒的な絆のことをいいます。生涯にわたる人間関係の基盤となります。

アタッチメント（愛着）が生きていくうえの土台になるのですね。

第1節　一人一人の特性に応じた保育

　保育所保育指針の第1章 総則の「(3) 保育の方法」には、「子どもの発達について理解し、一人一人の**発達過程に応じて保育**すること。その際、**子どもの個人差に十分配慮すること**」と記されています。同様に幼稚園教育要領第1章総則「1 幼稚園教育の基本」には、「幼児の生活経験がそれぞれ異なることなどを考慮して、**幼児一人一人の特性**に応じ、**発達の課題に即した指導**を行うようにすること」とあります。ここでいう「発達過程」や「発達の課題」（それぞれの発達段階で達成しておく課題）とはどういったことをさすのでしょうか。まずはその点から考えてみることにしましょう。

1. 生涯発達という視点

　「発達」を心理学の側面から述べると、「個体が時間的経過にともなってその心的・身体的機能を変えてゆく過程」となります。ポイントは「時間」にともなう「変化」という点です。かつての発達観では、「健康な成人男性を頂点とした身体と心の発達」というように考えられていましたが、現代では成人期を過ぎてからの変化についても発達ととらえ、人は一生涯発達を続けるという生涯発達の考え方が一般的になっています[1]。では乳幼児期は、一生涯発達する人間のどういった時期に当たるのでしょうか。

　生涯のなかでも乳幼児期ほど劇的に発達する時期はありません。身体の変化も大きいですし、心の発達についても同様です。一方で、短い期間で大きな変化を遂げる乳幼児期であるからこそ、子どもごとにその進み方に大きな差があるということも特徴になっています。それが発達の「個人差」というものです。

2. 発達の個人差と要因

　それぞれの子どもが生まれもってくるもの（遺伝的要因）は異なります。さらに、胎内または生まれてからの周囲の環境（環境的要因）も異なりますので、保育所など集団保育の場に入ってきた時点では、すでに一人一人が違いをもって現れるということになります。生後の育ちのみに焦点をあててみても、発達のスピードはまちまちです。そのため保育者は、それぞれ異なった発達の姿を示す子どもたちを対象に保育をしていかなければなりません。このことはごく当然のように感じられますが、複数の子どもを対象として行う集団保育のなかでは、つい子ども同士を比べてしまう視点が表れがちです。

第2章「子どもの育ち」とつながる―子どもとは？ 発達とは？―

発達をとらえる際には、他児との比較ではなく、その子自身が時間的変化にともなってどう発達しているかをみていく必要があります。

3．発達の個人差と保育

　乳幼児期の発達は個人差が大きいという点について、3歳児を例に考えてみましょう。4月生まれの子から3月の早生まれの子までいますので、身体の大きさから言語面、精神面の育ちに至るまで大きな開きがあります。同じ3歳児クラスのなかでも、早生まれの子の体が小さいことはよくあることで、ごっこ遊びをしていても赤ちゃん役やペット役をやっている場面をしばしば見かけます。同じ年齢（学年）の子同士でも、身体の小さな子を赤ちゃん扱いする傾向があるというわけです。そしてこの赤ちゃん役をいつも担うという経験が、その子が育つうえでの社会的な要因となり、その子の発達に何らかの影響を及ぼすことも十分考えられます。

エピソード (1)　「かいじゅうやりたくないんだよ」

　ある保育所の話です。5歳児クラスの早生まれで体の小さな男の子が、数名の男の子たちと戦いごっこをするなかでいつも怪獣役を担わされていました。本人はヒーローの役をやりたいのですが、いつものメンバーで遊ぶとどうしても自分の役割が固定化されてしまいます。ある日、その男の子が筆者のところへ来て「○○（男の子の名前）、かいじゅうやりたくないんだよ」と言ってきたので、「友だちにそう言ってみれば」と話したところ、どこかへ走って行ってしまいました。友だちにはなかなか本音を言いにくかったのかもしれません。その後も意識して彼のことを見ていたのですが、次第に彼は1つ下の学年の子たちと遊ぶようになっていきました。小さな子たちのなかに混ざっていた方が、自分の思うような遊び方をすることができたのかもしれません。

　では、こういった早生まれの身体の小さな子が、大人になってからもずっと小さいままかといえばそんなことはありませんね。大人になると身体の発達はピークを迎えるため、「天井効果」[*1]ともいうべき状態となり、身長や体重からだけでは誰が一番年上なのか判断できません。そもそも早生まれだとしても、両親が体の大きな人であれば、遺伝的な要因から次第にその子の体も大きくなってくることでしょう。しかし先ほども述べたように、乳幼児

*1
これ以上は上がらない、伸びない、という状況。

の場合は月齢や年齢による差が激しいということを、保育者はしっかりと理解しておく必要があります。体が小さいことや性別のみを背景とした遊びのなかでは、子どもたちの間に何らかの偏見を生み出す恐れもあります。本来は、体の小さい子がお父さんやお母さんの役、女の子が悪役を退治するヒーロー役を担ってもおかしくないのです。子ども同士のなかには、世の中のステレオタイプをもとに遊びを作っていく傾向がありますが、保育者はその点について問題意識をもっておいてもよいでしょう。

　先ほどの5歳男児のエピソードでみたように、体の大きな子や足の速い子はヒーロー役、その逆は悪者役ということでは、なかなかその関係性を変えることはできません。地方の小さな保育所だと、その関係性がそのまま小学校に持ち越されて、次第にいじめのような構図につながることもあるのだと聞きました。子どもたちが本当に遊びを楽しめているかどうか、自己発揮できているかどうか、保育者はその点をしっかりと見極めて、必要に応じて遊びに対する援助や介入をすることも必要になってくるのです。

第2節　発達の原理

　発達には一定の原理があります[2)]。身体の発達を取り上げると、歩き始めるまでの発達には順序があり、基本的にはこの順序が入れ替わることはありません。もし何かの機能の出現を飛ばして先にほかの機能が発達したとしたら、その場合、飛ばされた機能の発達が何らかの原因で阻害されている可能性もあります。このような発達の原理を踏まえておくと、乳幼児の発達をとらえる際の1つの指標となりえます。

　一方、発達が他児よりも見えにくく、一見すると発達・成長が非常にゆっくりとした子どもでも、その子が発達していないということはありません。どんなにゆっくりでも人は発達を続けます。つまり、ヒトは時間にともなって変化し続けているのです。そのことはとても重要な点ですので忘れないようにしておきましょう。

1. 発達の方向性

　赤ちゃんはまず首がすわるようになり、その後上半身の機能である肩や腕の自由がきくようになります。そしておおむね1歳くらいになると二本足で自分の体を支えることができるようになります。このように、発達には頭の方から脚の方へという方向性があります。また腕の動きをとってみると、肩

や腕など大きな動き（粗大運動）からまずは発達し、その後、指先の細かな動き（微細運動）ができるようになっていきます。これらも、発達には体の中心から末端の方へという方向性があるからだということがわかっています。

運動発達は矢印の方向に沿って進みます。aは頭部から尾部へ、bは中心部から周辺部へ。

図2－1　運動発達の進行方向
出典：若井邦夫『乳幼児心理学』サイエンス社　1994年　p.43

2．発達の順序性

　発達には一定の順序性もあります。身体の発達でみると、うつぶせの状態から体を持ち上げることができるようになり、そして四つん這い、つかまり立ちと進んでいき、その後つかまらなくても二本足で立てるようになると、歩き始めるのはもうすぐです。ヒトの場合、1歳を過ぎるころになってようやく二足歩行ができるようになります。この歩き始めは、馬や牛など大型哺乳類と比べ1年ほど遅いわけですが、生物学者のポルトマン（Portmann,A.）はこのことを「生理的早産」[3]という言葉で表しました。

　身体だけでなく言葉の発達にも一定の順序があります。当初は泣き声でしか自分の意思を示せなかった赤ちゃんが、「クーイング」というのどの奥をならすような音を発するようになります。よく聞くとこのクーイングも、母親などとの相互作用のなかでその出し方を変えていることがわかります。クーイングの次には、「アーアー」とか「バーバー」という大人が用いる単語とは異なる「喃語」を発声できるようになります。喃語は大人が用いる言葉とは違い、意味のわからないものも多いのですが、喃語をきっかけに赤ちゃんとコミュニケーションを取ることも可能です。そうした経緯を経て、ようやく初めての単語「初語」が現れます。この段階では、「マンマ」という単語1つとっても、お母さんに対する呼びかけであったり、お腹がすいたという意味を込めていたりと、いくつかの異なる意味を使い分けている場合があります。保育者は赤ちゃんの泣き声の段階から、子どもが発する音声にどのような意味が込められているのかを見極めていくことが求められます。

　1歳前後にみられる1つの単語での発話を、「一語文」と呼びます。「マン

マ」という単語だけでも、そこに「お母さん、抱っこして」という一文のような意味を込めているからです。一語文が出てからは、使える単語の数も次第に増えていき、単語を並べて話す「二語文」「三語文」へと発達していきます。三語文が使えるようになると、周囲の状況を説明したり自らの要求を伝えたりと大人の会話に近いことまでできるようになっていきます。

3. 発達過程

　ここまでみてきたように、発達には方向性があり順序性もあります。これらはある機能が現れた後に出てくるもので、それらは連続した過程であることを表しています。しかし一方で、未来の保育者としてのみなさん方のなかには、何歳になるとどういうことができるのかという具体的な発達の過程を知りたいという気持ちも出てくることでしょう。

　2008（平成20）年の保育所保育指針では「発達過程」という項目を設け、就学前の子どもの姿を8つの過程で示していました。ところが、8つの過程として提示してしまうと、どうしてもその年齢別の姿という部分を過度に意識してしまい、発達の個人差よりも発達過程に沿った見方が先立ってしまうきらいがありました。そういったこともあり、2017（平成29）年に改定された指針では第2章「保育内容」において、就学前期を「乳児」、「1歳以上3歳未満児」、「3歳以上児」という大きく3つの時期に区分するのみにとどめ、各時期でどういったことに気をつけて保育を行わねばならないかを記しています。とりわけ低年齢児保育のニーズが高い現代においては、乳児期にも保育者がしっかりと応答的に子どもと関わることの重要性が記されています。

第3節　子どもの姿にみられる発達

1. タブラ・ラサ？

　みなさんは「タブラ・ラサ」（tabula rasa）という言葉を聞いたことがありますか。これは「何も書かれていない文字板」のことを意味するラテン語で、そこから派生してタブラ・ラサとは、「何も書かれていない状態」、つまり「白紙」の状態を表すようになりました。

　生まれたばかりの子どもはタブラ・ラサ、まさに「白紙」であると述べたのは17世紀に活躍したイギリスの哲学者ロック（Locke, J.）です。彼は生まれたばかりの子を白紙の状態ととらえ、その後の経験や教育がいかに重要

かを説きました。

　現代においても、生後の経験や教育が重要なことはよく理解されていることと思いますが、一方で生まれたばかりの赤ちゃんがまったくの白紙の状態ではないことも明らかになっています。実は、赤ちゃんは非常に有能だということがわかってきているのです。それらの能力を基盤にしながら、乳幼児は何をどのようにして学んでいるのでしょうか。

2. 赤ちゃんの有能さ

　赤ちゃんはこの世に生まれてくる20週ほど前から、母親のお腹のなかで音声を聞いています。聞こえている音には3通りあり、1つめは母親の体内で生み出されている音、2つめが空気中を伝わる外界の音、そして3つめが母親の声そのものです。そのため、生まれてからの赤ちゃんは母親の声にとてもよく反応します[4]。

　このことからもわかるように、赤ちゃんは生まれてくる前からすでに聴覚など種々の能力をもっています。その能力は、両親からの遺伝情報が書き込まれたDNAとして引き継がれ、それが発露したものとして目の前の赤ちゃんが存在するのです。決して赤ちゃんは白紙の状態で生まれてくるわけではありません。

　赤ちゃんをあやす時、「言葉を話さない赤ちゃんにどう語りかけたらよいのかわからない」と話す人がいるそうです。先ほど述べたように、たしかに大人と同じ言葉を発しはじめるまでには1年くらいの時間を要しますので、何をどう聞いているのかわからないと感じてしまうのでしょう。しかし、何もわかっていないような赤ちゃんでも、実際には、聴覚や視覚は案外しっかりしています。大人同士の会話とは異なるものの、まずは赤ちゃんの表情や泣き声にていねいに応答することがやり取りの基本となります。赤ちゃんは養育者から見つめられたり、表情を通して働きかけられることで、その働きかけに自ら応えようとしているのです[5]。

ふりかえりメモ：

3. 新生児模倣

　以前より、生まれたばかりの赤ちゃんにも他者を模倣する能力があることはわかっています。メルツォフ（Meltzoff,A.N.）らが行った実験では、生後40分ほどの赤ちゃんでも他者の表情（舌を出すなど）を模倣できることがわかりました（ゴプニックら, 2003）。これを「新生児模倣」と呼びます。

図2-2　新生児模倣

　では、この模倣する能力はいつ身につけたのでしょうか。新生児模倣が表れるのは生後間もなくのことですから、少なくともこの能力が生後学習されたものであるとは考えにくいというのが現時点での結論です。そうなると赤ちゃんは、生まれつき他者を模倣するような能力をもって生まれてきたということになります。近年の研究では、ヒトやサルには他者の行動を見ている時に働く「ミラーニューロン」という神経細胞が存在することがわかってきました[6]。このミラーニューロンは自分が行動していなくても、相手の行動を見ているだけで活動することが知られています。しかしこのミラーニューロンが新生児の模倣にどう関係しているかは、現在のところはっきりしていません。いずれにしろ、生後間もない赤ちゃんが想像以上に有能であるということに疑いはありません。

4. 視覚的断崖と社会的参照

　赤ちゃんには、この世界がどのように見えているでしょうか。赤ちゃんの深さに対する恐怖を確かめるために、ギブソン（Gibson,E.J.）らが行った「視覚的断崖」の実験があります。ハイハイをするようになってからの赤ちゃんにガラス張りの床の上を這わせる実験を行うのですが、その際、そのガラスの下を覗き込むと断崖のように見えるという仕掛け（視覚的断崖）をしておくのです。そうすると赤ちゃんは、視覚情報からガラスの下に落ち込むような断崖を認識してしまい、恐ろしくてなかなかガラスの床をハイハイして進むことができません。

第2章「子どもの育ち」とつながる―子どもとは？ 発達とは？―

図2-3　視覚的断崖

　その後、キャンポス（Campos,J.J.）らも視覚的断崖の実験をしましたが、その際、母親がガラス板の向こう側にいる赤ちゃんに笑顔を見せると、赤ちゃんはそのガラス板を渡ることができるようになりました。一方、母親が恐れの表情を赤ちゃんに示すと、ガラス板を渡らない赤ちゃんが多かったそうです[7]。このように、大人の表情など周囲の情報を自らの行動判断に用いることを「社会的参照」といいます。赤ちゃんは母親や保育者の表情をよく見ています。いま自分がしていることやしようとしていることの承認を、信頼のおける他者の表情に求めているのでしょう。赤ちゃんにとって「信頼のおける他者」というのは、アタッチメント（愛着）の対象そのものでもあります。アタッチメントについては次節以降で詳しく述べていきます。

第4節　アタッチメント（愛着）を築くために

1. アタッチメント（愛着）とは

　アタッチメント（愛着）とは、ある特定の人物に対して抱く愛情的な絆のことで、ボウルビィ（Bowlby,J.）の理論[8]がよく知られています。ボウルビィは、乳幼児期に形成されたアタッチメント関係がその後の人間関係の基盤となると考え、精神分析や比較行動学の研究成果をもとにしながらそのアタッチメント理論を作りあげました。ヒトの赤ちゃんの場合、アタッチメントの対象としてもっとも身近な存在は母親であるため、ボウルビィも母子関係を重視しました。しかしその後の研究で、アタッチメントは母子間においてのみ形成されるものではなく、母親以外でももっとも親身になって関わってくれる養育者はアタッチメントの対象となりえると結論づけています。つまり、母親でなくとも親身になってその子のケアをしてくれる人がいれば、アタッチメント形成に問題は生じないということです。

　ただ、「特定の人物」であることが重要であり、ミルクさえ与えてくれれば毎日日替わりで担当者が変わってもよいというたぐいのものではありませ

ん。複数の人が子育てしてくれる状態もあるでしょうが、その人数があまりに多くなることは望ましくなく、担当が決まっており母親に代わる1人、もしくは数名の人が子育てを担うことが期待されます。

2. アタッチメントの形成

では、アタッチメントはどのようにして形成されるのでしょうか。

赤ちゃんはとても有能だということを前節で書きましたが、実は生まれた時点での視覚はとても弱いものとなっています。しかし、その視覚も外界の光を受け、徐々にその能力を高めていきます。目がクリアに見えるようになってくると、赤ちゃんはさまざまなものに興味をもち見つめる（注視する）ようになります。その注視にも特徴があり、シンプルな図よりも複雑な図を、そして複雑な図のなかでもとりわけ人の顔に似た図に興味をもつということがわかっています[9]。

赤ちゃんにじっと見つめられると、大人の側もつい何らかの反応をしてしまいますが、この赤ちゃんが周りの大人の顔を見つめたりすることで起こる周囲の人とのつながりを「ジョイントネス」といいます[10]。ただこの時点では、特定の他者にだけというわけではなく、誰にでも同じように視線を向けます。視線を向けられた大人は、その赤ちゃんの顔を見て内面の感情を推し量ろうとしますね。「何をじっと見てるの？」、「おかしいねー」などと声をかけながら、あたかも赤ちゃんとコミュニケーションが取れているかのようにやりとりを楽しんだりもします。そこにジョイントネスは生起します。実際に赤ちゃんが楽しいのか、大人の顔に興味があるのかはわかりません。しかし、そのじっと見るという行動をあたかも意味を含んだものとしてとらえかかわりをもつことが、その後の「アタッチメント」の形成につながっていくのです。まだ言葉を発しない赤ちゃんに、お母さんがいろいろと言葉をかけながらあやしているのを見たことがあると思いますが、あのようなかかわりこそがその後のアタッチメント形成にとって重要な働きをするわけです。

3. アタッチメントのタイプ

アタッチメントには個人差があることがわかっています。エインスワース（Ainsworth,M.D.）が考案した「ストレンジシチュエーション法」という愛着のタイプを調べる実験があります。この実験では初めて訪れる実験室に乳幼児と養育者をともに案内し、最初はその部屋で一緒に遊んでもらうように

します。その後、養育者だけが部屋を離れていくと、残された子どもの方はどのような反応をするかというのを見る実験法です。

当初、この実験によってアタッチメントは3つのタイプに分けられ、後には4つのタイプとして分類されました（表2-1）。アタッチメントのタイプは養育者のかかわり方と何らかの関係性があると考えられています[11]。

表2-1　アタッチメントのタイプ

回避型	養育者が離れても子どもは泣いたり苦痛を示したりしないタイプ
安定型	養育者と離れた時に子どもは泣いたり苦痛を示したりするが、養育者が戻ってくると機嫌が直り再び受け入れることができるタイプ
アンビバレント型	分離の時に泣いたり不安になったりするが、養育者が戻ってきてからもなかなか気分が良くならず、しばらく泣いていたり怒ったりしているタイプ
無秩序・無方向型	一貫した行動が見られないタイプ。虐待されている子どもに多くみられる。

出典：筆者作成

4. アタッチメントと保育

ここまで見てきたように、それぞれの子どもにはアタッチメントのタイプがあることがわかりました。将来、保育者を目指しているみなさんは、さまざまなアタッチメントを示す子どもたちと出会うことになると考えられます。なかには、なかなかアタッチメントを示してくれない子どももいることでしょう。しかし、あまりアタッチメントを示さないからといって積極的に関わらないのでは、その後の育ちにもまた大きく影響してしまいます。子育て・子育ちは、子どもが周囲の大人や仲間と関わること（相互作用）によって積み上げられていくものです。

3歳で幼稚園やこども園へ入園してくる子どもをイメージしてみてください。入園式を終えて園に通うようになると、多くの子が主たる養育者（母親の場合が多い）と離れることをさびしがり、登園してからも泣き続けたりしています。園という環境も初めてですし、毎日見慣れた大人もいないわけです。不安になるのが当然かもしれません。でもその園に、母親と同じように優しくにこやかに受け止めてくれる保育者がいると、一日泣かずに過ごせるようになっていくことでしょう。こうして子どもたちは、少しずつ自分の気持ちを表へ出せるようになり、園でも自己発揮できるようになっていくのです。つまり保育者は、入園間もない園児にとっては「心の安全基地」というわけです。安全基地があるから、子どもはいろいろな遊びに取り組んだり、ちょっと勇気のいる活動にもチャレンジしたりできるのです。

5. 発達の最近接領域と足場かけ

　第2項にあったように、赤ちゃんは大人の表情をよく見ています。そして、大人の側も赤ちゃんの動きに興味を惹かれます。興味を惹かれるからこそ、赤ちゃんや幼児に対して何らかの助けの手を差し伸べることも多くみられます。たとえば、よちよち歩きの子の手を思わずもってしまうなどという手助けです。こういった大人の援助と関連して、ロシアの心理学者ヴィゴツキー（Vygotsky,L.S.）は、子どもがいま1人でできること（現下の発達水準）と、他者の援助があればできること（明日の発達水準）との間、つまり「発達の最近接領域」の部分をどう扱うかが教育にとって非常に重要であると主張しました[12]。子どもにとっての程よい手助け、援助とは何か。その点を子育てに関わる人たちは考え続ける必要があります。

　ヴィゴツキーの「発達の最近接領域」の概念をベースに、アメリカの心理学者であるブルーナー（Bruner,J.S.）らは、「足場づくり」という考え方を世に紹介しました[13]。ここでの「足場」とは建物を建てる時の足場のように、子どもが何かを成し遂げる時の支えとなるものを表します。子どもは、大人や周囲の人から提示される足場を手掛かりに、発達的に前進したり、新しい能力を発揮しています。保護者や保育者は、子どもにとっての大切な足場になっていますので、彼らの遊びや生活をより豊かなものにしていく支えとなっているのだと自覚しておくことが必要です。

 演習課題

●本章で学んだ「子どもの育ち」や「アタッチメント（愛着）」について理解を深めよう。

　あなたが小学校に上がる前のころ、愛着をもって大切にしていたものはありますか？　たとえば、ぬいぐるみやお気に入りのタオルなど。どんな物に愛着をもっていたか、思い出して書き出してみましょう。

....

....

....

　就学前から小学校低学年くらいにかけてのことを思い出してください。あなた自身が迷子になったり、家に誰もいないことに気づいたりしてとても不安になったことはありますか？そのころのもっともさびしい思いをし

たことや不安になった経験を思い出し、そのエピソードを周りの友だちと話し合ってみてください。子どもはどういった時にさびしくなったり不安になったりするのか。みなさんのエピソードを重ね合わせていくと、そこに何か共通点が見いだせるかもしれません。

　2人1組（もしくは3人1組）になって、どちらかを子ども役と大人役に決めます。3人の場合、もう1人はカメラ役となります。子ども役は大人役に向かって、最近あったうれしかったことを3分程度で報告してください。その際、大人役はとにかく受容的（認める、ほめる、喜ぶなど）な反応をしながら受け止めます。終わったら交代し、今度の大人役は否定的な反応（認めるような言葉を言わず、ほめたり喜んだりしない）で返してみてください。一通りやってみた後に、子ども役は話を聞いてもらってどういう気持ちだったかを報告しましょう。カメラ役は、2人のやり取りを見て気づいたことを伝えます。大人役も感じたことを周りの人と共有してください。

【引用文献】
1）高橋恵子・波多野誼余夫『生涯発達の心理学』岩波書店　1990年　pp.1-13
2）本郷一夫『子どもの理解と支援のための発達アセスメント』有斐閣 2008年　pp.12-16
3）アドルフ・ポルトマン『人間はどこまで動物か』岩波書店 1961年 p.60
4）呉東進『赤ちゃんは何を聞いているの？』北大路書房　2009年　pp.20-24
5）明和政子『まねが育むヒトの心』岩波書店　2012年　pp.67-78
6）マルコ・イアコボーニ『ミラーニューロンの発見』早川書房　2011年　pp.66-103
7）内山伊知郎・J．キャンポス「乳幼児期における感情発達の機能的アプローチ」『感情心理学研究』22，pp.70-74　2015年
8）ジョン・ボウルビイ『ボウルビイ母子関係入門』星和書店　1981年
9）小西行郎・遠藤利彦（編）『赤ちゃん学を学ぶ人のために』世界思想社　2012年　pp.42-57
10）遠藤利彦『赤ちゃんの発達とアタッチメント』ひとなる書房　2017　pp.42-58
11）同上書　p.86
12）柴田義松『ヴィゴツキー入門』子どもの未来社　2006年　pp.24-32
13）L.E.バーク・A.ウィンスラー『ヴィゴツキーの新・幼児教育法』北大路書房　2001年　p.24

第3章
「保育の行われている場所」とつながる
―保育施設をめぐるしくみ―

エクササイズ　　自由にイメージしてみてください

これから行う実習では、子どもたちとどのようなことを体験してみたいですか？

第3章 「保育の行われている場所」とつながる―保育施設をめぐるしくみ―

この章のまとめ！

学びのロードマップ

- 第1節　保育の行われている主な施設で共通に大切にすることを学びます。
- 第2節　保育所、幼稚園、認定こども園がどのような施設なのかを押さえます。
- 第3節　待機児童対策として始まった地域型保育について説明します。

この章の なるほど キーワード

■ **「幼児教育を行う施設」**…2017（平成29）年の保育所保育指針や幼稚園教育要領、幼保連携型認定こども園教育・保育要領の改定（訂）により、保育所も幼稚園も幼保連携型認定こども園も幼児教育施設として位置づけられました。3歳児以上の保育の内容は共通化され、同じ質の幼児教育を保障することが望まれています。

以前より3つの施設がぐっと近寄りました。

第1節　子どもの育ちとともにある主な保育施設

　みなさんが小学校に入る以前のことを思い出してみましょう。保育所に通っていた人、幼稚園に通っていた人、どちらも通ったことがある人、ない人、さまざまでしょう。保育の場では、生活をしていくために必要な知恵を身につけたり、遊びやけんかを通して他者との関わりを学んだことでしょう。他にも、園庭の砂場で遊んだり、画用紙を切り貼りして製作したりするなど、大人になってからも多くの経験が思い出されるはずです。

　今日の保育施設は、保育所・幼稚園だけでなく、認定こども園や小規模保育所など多くの形態があります。これらの施設では、以下の4点を共通の軸として保育・教育を行っています[1]。

保育施設で大切にする共通のポイントです。

①乳幼児期の特性を踏まえ、「**環境を通して行う**」こと
②生きる力の基礎を育むため、「**資質・能力**」を育むこと
③5領域のねらい・内容を踏まえ、「**幼児期の終わりまでに育ってほしい姿を明確化**」すること
④幼児期に育まれた資質・能力を踏まえ、**小学校教育との円滑な接続を図る**こと

　本章を通して、子どもの育ちとともにある保育施設の種類やそれぞれの役割についての知識を深めていきましょう。

第2節　主な保育施設の種類－施設型保育

　施設型保育は、「保育所」「幼稚園」「認定こども園」の3種類に分けられます。表3－1は、児童福祉施設の設備及び運営に関する基準等を表にしたものです。施設の設置には、入所可能な対象年齢や、最低限必要な職員数など、多くの基準が設けられています。

1. 保育所

　保育所は児童福祉法の第7条に規定され、こども家庭庁が所管となる施設で、保育所保育指針を踏まえて、保育・幼児教育を行います。そして、「保育を必要とする子どもの保育を行い、その健全な心身の発達を図ることを

第3章 「保育の行われている場所」とつながる―保育施設をめぐるしくみ―

表3-1 施設型保育の概要

施設名	保育所	幼稚園	認定こども園			
			幼保連携型	保育所型	幼稚園型	地方裁量型
所管	こども家庭庁	文部科学省	こども家庭庁			
根拠法	児童福祉法	学校教育法	認定こども園法			
保育(教育)内容	保育所保育指針	幼稚園教育要領	幼保連携型認定こども園教育・保育要領	幼稚園に在籍する子ども：幼稚園教育要領　保育所機能に在籍する子ども：保育所保育指針		
対象児	保育を必要とする乳児・幼児（0～6歳児）	満3歳から就学前の幼児（3～6歳児）	0～6歳児			
職員資格	保育士	幼稚園教諭	保育教諭（保育士と幼稚園教諭の両方の資格・免許が必要)	満3歳以上：両免許・資格の併有が望ましいがいずれかでも可《ただし、2・3号認定*2の子どもに対する保育は保育士》満3歳未満：保育士資格	満3歳以上：両免許・資格の併有が望ましいがいずれかでも可　満3歳未満：保育士	
保育(教育)時間	原則8時間	4時間を標準	11時間、原則土曜日開園		地域の実情に応じて設定	
利用可能な保護者	共働き世帯、親族の介護、疾病等の事情*1で家庭で保育のできない保護者	制限なし（保護者の希望による）	0～2歳 共働き世帯、親族の介護、疾病等の事情*1で家庭で保育のできない保護者　3～5歳 1号・2号の認定を受けた子どもの保護者			
子ども数：職員数	0歳児 3:1　1・2歳児 6:1　3歳児 15:1　4・5歳児 25:1	1学級原則35人以下（専任教諭1人以上）	0歳児 3:1　1・2歳児 6:1　3歳児 15:1　4・5歳児 25:1（1学級原則35人以下）			
園庭	・満2歳以上の幼児を入所させる場合に原則設置・入所者1人当たりの面積基準↓満2歳以上の幼児1人につき3.3㎡以上	・学級数に応じた面積基準1学級：330㎡2学級：360㎡3学級：400㎡4学級以上：1学級につき80㎡増	2学級以下：330+30×(学級数－1) 3学級以上：400+80×(学級数－3) ＋ 3.3㎡×満2歳以上満3歳未満の園児 上記の合計値を満たすことが原則	保育所基準と同様	幼稚園基準と同様	保育所/幼稚園基準と同様
設備面積	園舎には基準なし〔0・1歳児〕乳児室：1人当たり1.65㎡ほふく室：1人当たり3.3㎡〔2歳児以上〕保育室等：1人当たり1.98㎡	園舎基準1学級 180㎡2学級 320㎡3学級以上1学級につき100㎡増	園舎の面積（満3歳未満の子どもに係る保育の用に供する部分は除く）は、幼稚園の基準と同様　乳児室・ほふく室・保育室は、保育所の基準と同様			

出典：保育所保育指針、幼稚園教育要領、内閣府子ども・子育て本部「子ども・子育て支援新制度について」（2017年）等をもとに筆者作成

*1 就労、妊娠、出産、保護者の疾病・障害、親族の介護・看護、災害復旧、求職活動、就学、虐待やDVのおそれ、育児休業取得等の事情。

*2 子どもに対し、市町村から号数が認定されます。1号認定は、教育のみ（幼稚園か認定こども園）。2号認定は、保育の必要性がある3－5歳児（保育所か認定こども園）。3号認定は、保育の必要性がある0－2歳児（保育所か認定こども園か地域型保育）。

目的とする児童福祉施設[2)]」と位置づけられています。利用可能な保護者は、共働き世帯や親族の介護、疾病等の事情で家庭において保育をすることができない者とされています。

保育士は「倫理観に裏付けられた専門的知識、技術及び判断をもって、子どもを保育するとともに、子どもの保護者に対する保育に関する指導を行う[3)]」ことが求められています。保育所で子どもたちは、生活の基盤である食事、衣服の着脱、排泄等の自立の援助がなされるとともに、周りとコミュニケーションを取ったり、ともに遊んだりすることで自己肯定感を育み、社会で生

きていくうえで必要な人との関わり方を学んでいきます。

さらに、2018（平成30）年の保育所保育指針の改定により、保育所は幼児教育を行う施設として位置づけられました。「育みたい資質・能力」「幼児期の終わりまでに育ってほしい姿[4]」が明記され、保育活動全体を通して育まれる子どもの小学校就学時の姿が示されるようになりました。

> **保育所保育指針**
> 第1章 総則　1 保育所保育に関する基本原則　(5) 保育所の社会的責任
> ア　保育所は、子どもの人権に十分配慮するとともに、子ども一人一人の人格を尊重して保育を行わなければならない。
> イ　保育所は、地域社会との交流や連携を図り、保護者や地域社会に、当該保育所が行う保育の内容を適切に説明するよう努めなければならない。
> ウ　保育所は、入所する子ども等の個人情報を適切に取り扱うとともに、保護者の苦情などに対し、その解決を図るよう努めなければならない。

(1) 保育所の社会的責任 ―子どもの人権の尊重

　保育所の生活を通して子どもは、生きていくうえで身につけておきたいことを多く学びます。保育を行う際には保育者一人一人が、子どもの人権に配慮した保育を行い、子どもの一人一人の個性を尊重することが、「保育所の社会的責任」の1つです。

　今日の保育は、障害のある子どもや気になる子ども[*3]への特別な支援、国籍・文化の違いを踏まえた保育が求められています。保育所は、子ども一人一人の気持ちを尊重しながら、保育者や他児との関わりを通して、心身の成長を促す場でなければなりません。

(2) 保育所の社会的責任 ―保護者・地域社会との関わり

　保育士は、子どもに対する保育を行うだけが職務ではありません。子どもの養育者である保護者、そして、子どもたちが暮らしている地域の方との関わりを大切にすることも保育所としての社会的責任となります。

　特に、保護者とのかかわりは、子どもの成長を支援するうえで非常に重要です。子どもの家庭での生活の様子を把握することで、保育所において子どもの体調や情緒面の変化を敏感に察知することができるようになります。

①地域交流

　保育所は、地域に開かれた社会資源として考えられます。たとえば、保育所を利用していない親子が園庭で遊ぶことができるよう園庭開放を行ったり、

---

*3 障害があると認定されてはいませんが、保育の上で特別な配慮が必要と思われる子ども。

第3章 「保育の行われている場所」とつながる―保育施設をめぐるしくみ―

地域の高齢者の方を保育所に招いて、子どもに伝承遊びを教えたりするというような行事があります。保育所内[*4]だけで保育を行うのではなく、地域全体で子どもたちを見守ることによって、子どもたちが豊富な経験を積むことが可能になります。

②説明責任（アカウンタビリティ）

保育所で行う日々の保育の内容や保育の方法を実際に見ることができない保護者は、気になることや疑問をもつことがあります。自身の子どもが生活している環境を知って安心することで、保育者との良好な関係性の構築にも繋がっていきます。保育所は、一日の流れや、年間行事予定、保育方針や内容について、情報を開示することが求められています。保護者が保育所を適切かつ円滑に利用できるような配慮が必要です。

また、保護者からの疑問や要望がなくとも、園での子どもの様子、家庭での様子等を情報交換することは大切です。さらに、毎日の登園・降園時に保護者とコミュニケーションを取ったり、おたよりや掲示物で知らせることは、保護者と信頼関係を構築するだけでなく、より良い保育を行うために必要なことです。

（3）保育所の社会的責任 ―苦情の解決

保育内容・行事・保育者の対応等のさまざまな事柄に対して、保護者や地域の方から苦情やクレームを受けるケースもあります。それらを通して、保育所で行っている保育内容や子ども・保護者にかける一つ一つの声かけ等を謙虚に振り返り、誠実に対応していくことが重要となります。

苦情を保育所や保育者にとって不利益なものというマイナスな考えをもたず、なぜ苦情につながったのか、子ども・保護者に対してより良い保育を行うための改善点はどこにあるかなど、真摯に向き合っていくことが、保育者一人一人の保育観の確立や保育の質の向上につながります。

2. 幼稚園

幼稚園は学校教育法第1条に学校として規定され、文部科学省が所管となる施設で、幼稚園教育要領を踏まえて教育を行います。この教育は、「生涯にわたる人格形成の基礎を培う重要なもの[5)]」です。

幼稚園では、教育によって「育みたい資質・能力」（「知識及び技能の基礎」「思考力、判断力、表現力等の基礎」「学びに向かう力、人間性等」）[6)]を育むことが求められています。

[*4] 保育施設は、保育士や看護師、調理師、事務員など、さまざまな職種で構成されています。保育士だけでなく、施設の職員全員で保育を行っているという意識をもつことが大切になります。

保育者である幼稚園教諭は、登園してから降園するまでの遊びや生活のすべての場面において、子どもが主体的に活動を行うことができることを保障しなければなりません。

　幼児期の教育は遊びを通して総合的に行われます。保育内容の５領域（「健康」「人間関係」「環境」「言葉」「表現」）は、幼稚園教育要領において、「幼稚園教育において育みたい資質・能力を幼児の生活する姿から捉えたもの[7]」を示す「ねらい」と、「ねらいを達成するために指導する事項[8]」を示す「内容」が記載されています。さらに、「幼児の発達を踏まえた指導を行うに当たって留意すべき事項[9]」を示す「内容の取扱い」が記載されています。

　また、幼稚園でも、保育所と同様に、「家庭との連携を十分に図るなど、幼稚園における生活が家庭や地域社会と連続性を保ちつつ展開されるようにする[10]」ことが求められています。保育者は、保護者と密に情報交換を行うことで教育内容の理解を深め、地域の資源を積極的に活用しながら子どもの心と身体を育んでいきます。

3. 認定こども園

　認定こども園は、2006（平成18）年に公示され、待機児童・少子化・多様な保育ニーズに対応するため、保育所と幼稚園の両方の機能を備えた施設として創設されました。幼保連携型認定こども園教育・保育要領を踏まえて、保育・教育を行います。形態として、「幼保連携型」「幼稚園型」「保育所型」「地方裁量型」の４つに分けられており、子どもが認定された号数*5によって、受けられる保育・教育が区分されています。2024（令和6）年4月1日時点で、認定こども園は10,483件設置されています。

　また、認定こども園は、子ども一人一人の「入園時期や在園時間の違い等に配慮し、生活の連続性や生活リズムの多様性に配慮[11]」しながら保育・教育を行っていくことが求められています。

　一方で、保育と教育を１つの施設で行うということには保育者同士の連携の課題も見受けられます。保育所と幼稚園では、保育者それぞれがもつ目に見えない保育観が異なっているケースも多くあります。保育・教育を行ううえで、何を大切にしながら子どもやほかの保育者と関わっていくのか、園全体で話し合っていかなければなりません。

*5 p.47の脚注*2を参照。

第3章 「保育の行われている場所」とつながる―保育施設をめぐるしくみ―

図3-1　認定こども園の4つの形態

種類	幼保連携型	幼稚園型	保育所型	地方裁量型
法的性格	学校及び児童福祉施設	幼稚園（学校） / 保育所機能	幼稚園機能 / 保育所（児童福祉施設）	幼稚園機能 / 保育所機能

出典：筆者作成

●幼保連携型認定こども園

　学校教育と保育の両方を行う施設であり、「0歳から小学校就学前までの一貫した教育及び保育を園児の発達や学びの連続性を考慮して展開していく[12]」ことが求められています。保育者は、保育士資格と幼稚園教諭免許の両方をもった「保育教諭」が保育・教育を行います。

●幼稚園型認定こども園

　認可された幼稚園において、保育所の機能も備えた認定こども園を示します。

●保育所型認定こども園

　認可された保育所において、幼稚園の機能も備えた認定こども園を示します。

●地方裁量型認定こども園

　認可されていない保育所・幼稚園（施設が設置されている地域で定められた基準は満たしています）において、保育・教育を行う認定こども園を示します。

ふりかえりメモ：

第3節 主な保育施設の種類－地域型保育

　地域型保育は、「小規模保育」「家庭的保育」「居宅訪問型保育」「事業所内保育」の4種類に分けられます（表3－2）。

表3－2　地域型保育の概要

事業名	地域型保育					
	小規模保育（子ども6人以上19人以下）			家庭的保育（子ども5人以下）（別名：保育ママ）	居宅訪問型保育	事業所内保育
	A型（保育所分園、ミニ保育所に近い類型）	B型（中間型）	C型（家庭的保育に近い類型）			
対象児	0～2歳児				0～2歳児（0～6歳児を対象する施設も有り）	
職員資格	保育士（一部例外あり）	1/2以上保育士	家庭的保育者 家庭的保育補助者	家庭的保育者 家庭的保育補助者	必要な研修を修了し、保育士、保育士と同等以上の知識及び経験を有すると市町村長が認める者	保育士
保育時間	11時間				原則8時間	
実施場所	保育者の居宅、その他の場所、施設				保育を必要とする子どもの居宅	事業所内
利用可能な保護者	共働き世帯、親族の介護、疾病等の事情で家庭で保育のできない保護者					
子ども数：職員数	保育所の配置基準＋1名		3：1（家庭的保育補助者を置く場合5：2）	3：1（家庭的保育補助者を置く場合5：2）	1：1	19人以下：小規模保育A・B型と同様 20人以上：保育所と同様
設備面積	0・1歳児：1人当たり3.3㎡ 2歳児：1人当たり1.98㎡		0～2歳児：1人当たり3.3㎡	0～2歳児：1人当たり3.3㎡	規定なし	
園庭	満2歳以上の幼児1人につき3.3㎡以上（代替地でも可）				規定なし	満2歳以上の幼児1人につき3.3㎡以上（代替地でも可）

出典：保育所保育指針、幼稚園教育要領、内閣府子ども・子育て本部「子ども・子育て支援新制度について」（2017年）等をもとに筆者作成

　「子ども・子育て支援新制度」が2015（平成27）年にスタートし、待機児童の対策として地域型保育事業の制度が同年から始まりました。地域型保育事業は、市町村による認可事業として児童福祉法に位置づけられています。
　地域型保育施設を増やすことによって、都市部では、待機児童の解消を図り、人口減少地域では、地域の子育て支援機能を維持・確保することを目的としています。しかしながら、保育士資格のない保育者によって行われる保育や、狭い空間での生活、さらに園庭のない施設も認可されている事業であるため、保育の質の低下が懸念されます。
　地域型保育は、主に0～2歳児の乳幼児を対象として保育が行われます。居宅訪問型保育、事業所内保育を行う保育所の一部は3～5歳児への保育も対応しています。しかし、0～2歳児を対象としている保育施設は、3歳児以降の保育を保育所、幼稚園、認定こども園と連携を図りながら切れ目のない保育を進めています。

第3章「保育の行われている場所」とつながる―保育施設をめぐるしくみ―

 演習課題

● あなたの通っていた園を思い出してみましょう。

ホップ　幼少期に自身が通っていた園がどの形態に該当するのか、そして、現在暮らしている地域には、どのような形態の園があるのかを思い出してみましょう。さらに、その地域の待機児童人数を調べてみましょう。

ステップ　どういった形態の園を実際に知っているのかを4・5人のグループになって、話し合ってみましょう。

ジャンプ　話し合ったグループにおいて、どのような形態が出されたかまとめましょう。

【引用文献】
1）内閣府・文部科学省・厚生労働省「新しい幼保連携型認定こども園教育・保育要領、幼稚園教育要領、保育所保育指針の方向性について　中央説明会資料」2017年7月
2）厚生労働省「保育所保育指針」フレーベル館　2017年 p.2
3）2）前掲書　p.3
4）2）前掲書　p.13
5）文部科学省「幼稚園教育要領」フレーベル館　2017年 p.2
6）5）前掲書 p.4
7）5）前掲書 p.11
8）5）前掲書 p.11
9）5）前掲書 p.11
10）5）前掲書 p.10
11）日本家政学会編『児童学辞典』丸善出版 2016年 p161
12）内閣府・文部科学省・厚生労働省「幼保連携型認定こども園教育・保育要領」フレーベル館　2017年　p.6

第4章
「保育の基本」とつながる
―保育所保育指針等をもとに―

エクササイズ　　自由にイメージしてみてください

　今日からあなたが園長先生になったとします。園全体の保育のよりどころとなる方針を1つ決めてみてください。あなたならどのようなことを大切にしますか？

第4章 「保育の基本」とつながる―保育所保育指針等をもとに―

この章のまとめ！

学びのロードマップ

- 第1節　保育のガイドラインである「保育所保育指針」について学びます。
- 第2節　保育は生活と遊びを通して行うものであること、そのために環境構成が大切であること、そして、養護と教育を一体的に行うものであることを学びます。

この章の なるほど キーワード

■**「養護と教育の一体性」**…養護とは「生命の保持及び情緒の安定」。保育とは、「保」護しつつ教「育」するという意味であり、養護と教育が一体となった保育者の営みのことです。

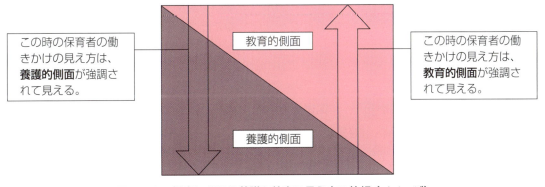

図4-1　保育における養護と教育の見え方の位相（イメージ）

出典：社会福祉法人全国社会福祉協議会・全国保育士会・保育の言語化等検討特別委員会『養護と教育が一体となった保育の言語化』2016年

どちらか一方だけでは保育は成り立たないことがわかります。すべての保育は図の対角線上にあり、線上のどの位置で保育をとらえるかによって、養護的側面と教育的側面がそれぞれクローズアップされ、見え方が変わります。

第1節　保育所保育指針の制度的位置づけ

1. 保育のガイドラインとしての保育所保育指針

　保育所や幼稚園など子どもを保育する施設は、その施設や設備などの保育環境が国の基準に応じて設置されています。また、そこで実施される保育は、保育所保育指針、幼稚園教育要領、幼保連携型認定こども園教育・保育要領にもとづいて各園で編成された全体的な計画、教育課程を基盤としています。そして、子どもの生活の実態に即して指導計画を作成し展開されます。

　このように、保育所における保育は、各保育所のもつ保育の理念や目標、子どもを預けている保護者の状況、地域の実情などを踏まえながら創意工夫されて行われます。このとき、すべての子どもが等しく最善の利益を得ることができ、健康と安全が確保され、発達が保障されるためには、保育内容やこれに関連する運営などについて共通の枠組みが必要です。保育所保育指針には各保育所が拠（よ）るべき保育の基本的事項が示されています。これにもとづいて全国の保育所が保育を展開することで、保育所保育の水準を全国的に確保する役割があります。

> ☞ **注目ワード**　**発達過程、環境構成、自主性…**
>
> 　保育所保育指針は、そこに示される拠るべき基本が保育をめぐる状況の変化に対応するよう時代の節目ごとに改定されてきました。1990（平成2）年の改定では、1989（平成元）年の幼稚園教育要領の改訂に準じて、保育のあり方の基本として、子どもの発達過程や特性を見通した環境構成をすること、生活や遊びを通して子どもの自主性・自発性・主体性の発達を援助することが示されました。その後の改定においてもこの子どもを中心とした保育の重要性は引き継がれ、充実・発展させていくことが明示されています。

＊1
「子ども・子育て支援新制度」とは、2012（平成24）年に成立した「子ども・子育て支援法」、「認定こども園法の一部改正法」、「子ども・子育て支援法及び認定こども園法の一部改正法の施行に伴う関係法律の整備等に関する法律」の子ども・子育て関連3法にもとづく制度のことをいいます。

＊2
地域型保育事業では家庭的保育、小規模保育、事業所内保育、居宅訪問型保育など少人数単位で0〜2歳の子どもを保育する事業が行われています。

　2008（平成20）年の改定で保育所保育指針はこれまでの局長通知から厚生労働大臣による告示となりました。これにより、全国の保育所は保育所保育指針に規定されていることを踏まえて保育を実施しなければならないことが明確になりました。さらに、2015（平成27）年に子ども・子育て支援新制度＊1がスタートし、就学前の子どもを保育する場は保育所、幼稚園、認定こども園に地域型保育事業＊2が加わりました。この地域型保育事業でも保育所保育指針に準じて保育が行われます。そのため、保育施設が多様化するなかで保育所保育指針は保育の質を保障する重要なガイドラインといえます。

基本の部分は変わりませんが、時代にあわせてバージョンアップしていく、ということですね。

第4章「保育の基本」とつながる―保育所保育指針等をもとに―

2. 保育所保育指針の構成とつながり

　保育所は子どもが現在をもっとも良く生き、望ましい未来をつくりだす力の基礎を培うために養護と教育が一体的に行われる生活の場です。またそれと同時に、幼稚園、幼保連携型認定こども園とともに幼児教育の一翼(いちよく)を担っています*3。そのため、子どもが保育所や幼稚園など、どの保育施設に通うのかによって受ける保育に違いが生じないよう保育所保育指針、幼稚園教育要領、幼保連携型認定こども園教育・保育要領には整合性が図られています。

　たとえば、保育所保育指針の第1章 総則「(2) 保育の目標」に示される養護と教育の目標のうち、教育の目標は「学校教育法」第23条に規定されている幼稚園の目標、「就学前の子どもに関する教育、保育等の総合的な提供の推進に関する法律」*4 第9条に規定されている幼保連携型認定こども園の教育及び保育の目標と共通しています。また、保育所保育指針に示される5領域の保育内容に関する「ねらい」及び「内容」、指導計画を通じて保育を展開することなどは、表4-1のように幼稚園教育要領、幼保連携型認定こども園教育・保育要領と整合性が図られています。したがって、保育所保育指針にもとづいた活動は幼稚園及び幼保連携型認定こども園の活動と同様の内容を確保することができるようになっています。

> *3
> 「就学前の子どもに関する教育、保育等の総合的な提供の推進に関する法律」第3条の2において3歳以上児に対し学校教育法第23条各号に掲げる目標が達成されるよう保育を行うことが示されています。
>
> *4
> 「就学前の子どもに関する教育、保育等の総合的な提供の推進に関する法律」は「認定こども園法」と略称されています。

保育所保育指針

第1章 総則　(2) 保育の目標

ア　保育所は、子どもが生涯にわたる人間形成にとって極めて重要な時期に、その生活時間の大半を過ごす場である。このため、保育所の保育は、子どもが現在を最も良く生き、望ましい未来をつくり出す力の基礎を培うために、次の目標を目指して行わなければならない。

(ア) 十分に養護の行き届いた環境の下に、くつろいだ雰囲気の中で子どもの様々な欲求を満たし、生命の保持及び情緒の安定を図ること。

(イ) 健康、安全など生活に必要な基本的な習慣や態度を養い、心身の健康の基礎を培うこと。

(ウ) 人との関わりの中で、人に対する愛情と信頼感、そして人権を大切にする心を育てるとともに、自主、自立及び協調の態度を養い、道徳性の芽生えを培うこと。

(エ) 生命、自然及び社会の事象についての興味や関心を育て、それらに対する豊かな心情や思考力の芽生えを培うこと。

(オ) 生活の中で、言葉への興味や関心を育て、話したり、聞いたり、相手の話を理解しようとするなど、言葉の豊かさを養うこと。

(カ) 様々な体験を通して、豊かな感性や表現力を育み、創造性の芽生えを

> アは保育の目標、イは保護者支援の目標です。
> (ア) は養護の目標、
> (イ)(ウ)(エ)(オ)(カ) は教育の目標です。
> また、
> (イ) は健康、
> (ウ) は人間関係、
> (エ) は環境、
> (オ) は言葉、
> (カ) は表現
> の目標です。

> 　　　培うこと。
> 　イ　保育所は、入所する子どもの保護者に対し、その意向を受け止め、子どもと保護者の安定した関係に配慮し、保育所の特性や保育士等の専門性を生かして、その援助に当たらなければならない。

＊5
児童福祉法　第21条の9を参照

＊6
児童福祉法第48条の4を参照

　また、保育所は児童福祉施設であることから、児童福祉法で規定される子育て支援[＊5]を実施する役割も担っています。保育の目標イに子育て支援の目標が示され、保育所では、その特性と専門性を生かし入所する子どもの保護者だけでなく、地域の子育て家庭[＊6]を支援するさまざまな事業を行います。この子育て支援事業のあり方においても保育所保育指針を基準として入所する保護者や地域の実態及びニーズに応じた支援が展開されます。

3.「ねらい」と「内容」

　主に教育に関わる保育の内容には「ねらい」と「内容」が示されています。「ねらい」とは保育の目標を具体化したもので、子どもが生活や遊びを通して発達していく姿を踏まえ、保育を通じて育みたい資質・能力を子どもの生活する姿からとらえたものです。そして、「ねらい」を達成するために保育者が援助し、子どもが自ら環境に関わり身につけていくことが望まれるものが「内容」です。「ねらい」と「内容」には各時期の保育の意図や「望ましい未来をつくり出す力の基礎」を育むために必要な子どもの経験が明確に示されています。保育者はこれらを達成できるよう日々の保育を創意工夫、展開していきます。

第4章 「保育の基本」とつながる ―保育所保育指針等をもとに―

表4-1 保育所保育指針と幼稚園教育要領等とのつながり

保育所保育指針		つながり（関連・類似事項）	
目次	キーワード	幼稚園教育要領	幼保連携型認定こども園 教育・保育要領
第1章 総則		第1章 総則	第1章 総則
1 保育所保育に関する基本原則	保育の目標	学校教育法第23条	認定こども園法第9条
2 養護に関する基本的事項	生命の保持、情緒の安定	第1 幼稚園教育の基本	第3 幼保連携型認定こども園として特に配慮すべき事項
3 保育の計画及び評価	全体的な計画、指導計画の作成、保育内容等の評価	第3 教育課程の役割と編成等 第4 指導計画の作成と幼児理解に基づいた評価	第2 教育及び保育の内容並びに子育て支援等に関する全体的な計画等
	障害のある子どもの保育	第5 特別な配慮を必要とする幼児への指導	第2 教育及び保育の内容並びに子育て支援等に関する全体的な計画等
4 幼児教育を行う施設として共有すべき事項	育みたい資質・能力 幼児期の終わりまでに育ってほしい姿	第2 幼稚園教育において育みたい資質・能力及び「幼児期の終わりまでに育ってほしい姿」	第1 幼保連携型認定こども園における教育及び保育の基本及び目標等
第2章 保育の内容		第2章 ねらい及び内容	第2章 ねらい及び内容並びに配慮事項
1 乳児保育に関わるねらい及び内容	・健やかに伸び伸び育つ ・身近な人と気持ちが通じ合う ・身近なものと関わり感性が育つ		第1 乳児期の園児の保育に関するねらい及び内容
2 1歳以上3歳未満児の保育に関わるねらい及び内容	・健康 ・人間関係 ・環境 ・言葉 ・表現		第2 満1歳以上3歳未満の園児の保育に関するねらい及び内容
3 3歳以上児の保育に関するねらい及び内容	・健康 ・人間関係 ・環境 ・言葉 ・表現	第2章 ねらい及び内容	第3 3歳以上の園児の教育及び保育に関するねらい及び内容
4 保育の実施に関して留意すべき事項	小学校との連携	第1章 総則 第3教育課程の役割と編成等	第1章第2 教育及び保育の内容並びに子育て支援等に関する全体的な計画等
第3章 健康及び安全			第3章 健康及び安全
1 子どもの健康支援	疾病・感染症		第1 健康支援
2 食育の推進	食育・アレルギー		第2 食育の推進
3 環境及び衛生管理並びに安全管理	事故防止・安全対策		第3 環境及び衛生管理並びに安全管理
4 災害への備え	災害対策		第4 災害への備え
第4章 子育て支援			第4章 子育ての支援
1 保育所における子育て支援に関する基本的事項			第1 子育ての支援全般に関わる事項
2 保育所を利用している保護者に対する子育て支援		第3章 教育課程に係る教育時間の終了等に行う教育活動などの留意事項	第2 幼保連携型認定こども園の園児の保護者に対する子育ての支援
3 地域の保護者等に対する子育て支援			第3 地域における子育て家庭の保護者等に対する支援
第5章 職員の資質向上			
1 職員の資質向上に関する基本的事項			
2 施設長の責務			
3 職員の研修等			
4 研修の実施体制等			

※表は指針と要領のつながりをとらえるためのイメージです。すべての事項は含まれていません。

出典：著者作成

幼稚園教諭については教育基本法第9条、地方教育行政の組織と運営に関する法律第45条、教育公務員特例法第21条～第25条、地方公務員法第39条等によって、研修の機会について優遇策が取られ「学び続ける教員」であることが求められています。

また、幼保連携型認定こども園の保育教諭の研修についても同様です。そのため、幼稚園教育要領、幼保連携型認定こども園教育・保育要領には研修についての記載がありません。

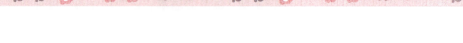

第2節 生活と遊びを通して行う保育所保育

1. 養護と教育の一体性

(1) 養護と教育が一体となった保育

> **エピソード (1)　「おいしいね」**
>
> 　6か月のミホちゃんが眠りから覚めると泣きはじめました。近くにいたユウコ先生は「ミホちゃんおはよう、おっきしたのね」といってミホちゃんを抱きあげました。ユウコ先生はミホちゃんの寝汗に気づき、「気持ち悪いね」と言ってすぐに服を替えましたが、優しく背中をトントンしてもミホちゃんは泣き止みません。その姿からユウコ先生はまだ授乳してないのでお腹を空かせているのだとわかりました。ユウコ先生がミルクをあげながら「お腹すいたね」「おいしいね」と声をかけると、ミホちゃんはその言葉に耳を傾けるようにユウコ先生の目をじっと見つめてミルクを飲んでいました。そして、飲み終わると満足そうな顔をして、ユウコ先生の顔に手を伸ばしました。

　この時期の子どもの欲求の多くは生理的欲求ですが、それが満たされるだけでは心地よく生活することはできません。ユウコ先生は寝汗や泣き止まない姿からミホちゃんの不快な状態や空腹を読み取り、タイミング良く援助しています（養護的側面）。そしてその過程では、「気持ち悪いね」「おいしいね」などミホちゃんの気持ちを代弁しながら応答的に関わっています（養護的側面）。このような心身ともに心地よくなっていく経験を重ねることで、保育者や周囲に対する安心感と信頼感が育ちます。また、こうしたかかわりによって子どもの人と関わりたい、認めてほしいという気持ちと、声を発し手を伸ばすといった働きかけの行動が促されます（教育的側面）。

> **エピソード (2)　楽しかったコマ回し**
>
> 　5歳児のタカシくんが日曜日にお父さんとコマをして楽しかったので、コマを持って登園してきました。保育室の数人の子どもがタカシくんの周りに集まり、コマを借りて一緒に遊びはじめました。しかし、保育室

第4章 「保育の基本」とつながる―保育所保育指針等をもとに―

にはお遊戯会で使用した物品などがありコマを回すスペースが十分にとれなかったため、タカシくんたちは廊下で遊びはじめました。その日の帰りにコマで遊んだ子どもから「たくさんコマを回せた」「楽しかった」「また遊びたい」「友だちに教えてあげたい」といった声が聞こえてきました。

　その様子を見たジュンコ先生は、子どもが帰った後に園にあったコマを探し、コマで遊ぶことができるよう保育室にある物品を片付け、スペースを確保しました。また、コマを回す子どもは回した数を数えていたことから、数字に書き表すことで大きな数を数える*7ことや目標をもって取り組めるようにしたいと考えました。そこで、紙と鉛筆が準備してあるコーナーを設定しました。

　翌朝、登園してきた子どもはこのコーナーを見ると喜び、コマを回して遊びはじめました。子どもはコマで遊べることに満足しているだけでなく、数字がわからなくなると仲間同士で教え合い、上手に回せることを認め合いながら一緒に楽しんでいました。

*7
5歳児は10を超える大きな数を唱えることができるようになりますが、唱えることと数えて数を理解することは異なる力です。そこで、数字を書き表すことで、数を数えるさまざまな経験をすることができます。

　このエピソードのように日常的に興味関心をもったことに取り組めることや、思ったこと、考えたことを先生や友だちに話すことができ、それが受け止められることは子どもにとって重要な環境です（養護的側面）。その環境を構成しながら保育者は子どもの興味関心に合わせ、そこからどのような力を身につけてほしいのか、何を楽しいと感じてほしいのか、子ども一人一人の発達を見ながら教育的目標をもって保育を工夫し援助します（教育的側面）。

（2）養護と教育の一体性とは

　保育所における保育は養護と教育とが一体となって展開されます。養護とは子どもの「生命の保持」及び「情緒の安定」を図るために保育者等が行わなければならない援助のことをいいます。保育所に通う子どもは一日の多くの時間を保育所で過ごし、生活リズムも年齢によって異なります。したがって、子どもが環境とかかわりながらさまざまな経験を通じて必要な資質・能力を身につけていくためには、子どもの発達段階や子ども一人一人の生活状況及び特性に応じた養護が保障されていなければなりません。子どもにとっての成長にはできないことができるようになるという側面が多くあります。できない状態を超えていく過程では不安や葛藤が生じますが、安心・安全に過ごせる環境、達成するように方向づけられた活動と援助によって子どもはさまざまな力を身につけていきます。このように、養護という側面は教育を

成り立たせる基盤であるばかりでなく、養護的かかわりそのものが教育的であるという表裏一体の関係になっています（55ページの図4-1を参照）。

2. 環境を通して行う教育及び保育

　保育所では子どもの状況や発達過程を踏まえ、環境を通して養護及び教育が一体的に行われます。ここでいう保育の環境とは施設や遊具などの物的環境だけでなく、保育者や仲間といった人的環境、さらには自然や社会の事象など子どもを取り巻くすべてのものをさしています。そして、子どもはこれらの環境に生活や遊びを通して働きかけながら、環境の性質や環境へのふさわしいかかわり方を学ぶとともに、それに応じたさまざまな力を身につけていきます。保育者はこのことを踏まえ、子どもが主体的、意図的に環境に関わることで、乳幼児期の育ちにふさわしい体験が得られるよう環境を構成しながら保育を考えていく必要があります。

（1）自ら遊び・考える環境

　保育室に廃材や折り紙、おままごと道具などが自由に取り出せるように設置されていると、子どもは遊びたいことを自分で見つけ、仲間を誘って自発的に遊びに取り組むことができます。また、テーブルを設置し、その上にセロハンテープ、ペン、はさみ、のりなどを自由に使うことができるように準備することで、製作コーナーを設けることができます。同様にごっこ遊びでは見立て遊びができるように、おままごとの道具や人形、布などを用意し、ブロック遊びではござなどでスペースを区切ることで遊びの種類ごとのコーナーを設定できます。このような環境は、子どもの遊びへの集中力を引き出すことができます。

活動への期待を引き出す環境構成
夏祭りのテーマ「宇宙」の図鑑を置き、大きな団扇を飾っています。

　また、保育室には絵本や図鑑などをいつでも取り出せるように本棚が設置されています。お気に入りの絵本を取り出して何度も見ることは子どもの心が豊かに育つ大切な経験です。
　これに加えて絵本や図鑑を環境の一つとして積極的に活用することもできます。たとえば、保育活動と関連する内容の本や図鑑を子どもの目に見えるところに置くことで、子どもの活動への興味関心や意欲を引き出す環境となります。子どもは絵本や図鑑を通して自分の身の回りのことについて知ることができます。就学前の子どもにとって、文字を読めることや絵本や図鑑が身

近にあることの意味は、それらを通して生命や自然、社会の事象について知ることによって、豊かな生活が送れるという感覚を重ねていくためです。

　たとえば、保育室に園庭や園舎の周りに生えている草花を置き、「この花の名前は何でしょう？」「葉っぱにかくれているものは？」といったクイズのメモを貼っておくと、子どもは答えが知りたいという思いから絵本や図鑑を取り出して調べはじめます。また、文字を読むことが難しい子どもは、文字に関心をもつようになります。

　このように保育者は子どもがさまざまなことに興味関心をもち自ら環境に働きかけるよう環境を工夫し、その体験から子どもの知ることに対する豊かな心情や思考力の芽生えを育みます。このとき、保育者や仲間という人的環境も重要な環境です。保育者に答えを見つけられたことを伝え認められる経験から自己肯定感が育まれ、保育者と一緒に答えを探す子どもは保育者の援助を受けながら文字に親しんでいきます。また、仲間と相談し合うやり取りを通じて伝え合う方法を学び、喜びを共有する仲間関係を構築していきます。

保育者からのクイズ
保育者が植物ごとにクイズを紙に書いて貼り教室の棚に置いています。

（2）時間軸と環境

　保育所は子どもにとって生活の場であり、そこには登園してから降園するまでの1日の時間の流れだけでなく、四季の変化といった時間の流れがあります。保育所における保育ではこのような時間の流れとその変化に子どもが気づき、考えられるよう援助する必要があります。たとえば、園庭では植物に葉が茂り、花が咲き、実がなるといった変化が生じます。この自然環境の変化に子どもが関わる体験を通して、自然に親しみをもち、物事に対する見方・考え方が育まれるよう援助します。

　園庭で野菜などを育て、収穫した野菜を給食で食べることで、子どもは身近な自然の存在に気づきます。これに加え、たとえば子どもが自ら収穫したブドウを干しブドウにする活動へと発展させると、時間の経過にともなった変化やそこに関係する天候への気づきが生じます。特に、雨が降ると肌寒く、天気のよい日は暖かいことや、日陰か日向かでは暖かさが異なることなどは、子ども自身の生活や体調にも密接に関係しています。

園庭のブドウと
干しブドウ
ブドウの実がなるまでの過程やブドウが乾燥していく変化を子どもの生活の連続性のなかで感じていきます。

ブドウの数を数える活動
一緒に数えることで、ともに教え合い理解が深まります。

（3）仲間とともにある環境

　保育所は仲間とともに集団で生活するため、家庭における保護者やきょうだい関係とは異なる社会性が育まれます。協同的活動を通じて楽しみを共有し、維持するためにはルールがあり、それを守ることの大切さを理解していきます。

　また、協同的活動における仲間との相互交渉はお互いの育ちを支え合っています。協同的活動では、ほかの子どもの行為を見ることで自分の行動を確認し、自分の考えを伝えることやほかの子どもの意見を聞いて自分の考えをとらえなおすといったことを経験します。そのような相互交渉から得られる学びは、一人で何かに取り組むことで得られる学びに比べ、より大きな充実感を得ることができます。このことを踏まえ保育者は協同的活動を多くの場面で取り入れ、仲間とのかかわりを通したさまざまな体験を子どもが得られるようにする必要があります。

 ･････････････････････････････ 演習課題

●保育所保育指針に示されている「保育所保育に関する基本原則」について、養護と教育、生活と遊びを通した保育の観点から理解を深めよう。

ホップ　保育所における1日の生活の流れを調べ、年齢ごとにまとめましょう。

第4章「保育の基本」とつながる—保育所保育指針等をもとに—

ステップ　保育所保育指針にある「養護に関わるねらい及び内容」の「ねらい」について、子どもの姿をまとめてみましょう。たとえば3歳未満児と3歳以上児の「一人一人の子どもが、快適に生活できている姿」のイメージをまとめましょう。

....

....

ジャンプ　ステップでまとめた子どものイメージを1つ取り上げて、そのために保育者はどのようなことをするとよいかグループで話し合ってみましょう。

....

....

....

【参考文献】
社会福祉法人全国社会福祉協議会・全国保育士会・保育の言語化等検討特別委員会『養護と教育が一体となった保育の言語化』2016年
　http://www.z-hoikushikai.com/about/siryobox/book/gengoka.pdf
高山静子著『環境構成の理論と実践−保育の専門性に基づいて−』エイデル研究所 2014年

第5章
「保育のねらいと内容と方法」とつながる①
―乳児と1・2歳児―

乳児（0〜2歳児）　　3歳児　　5歳児

 エクササイズ　　自由にイメージしてみてください

> 子どものおむつがとれるのは何歳ぐらいだと思いますか？　また、言葉によるやり取りができるようになるのは何歳ぐらいからでしょうか？

第5章 「保育のねらいと内容と方法」とつながる①―乳児と1・2歳児―

この章のまとめ！

学びのロードマップ

- 第1節　待機児童のほとんどは3歳未満児の保育をめぐる問題です。
- 第2節　「領域」と「視点」、「ねらい」と「内容」の意味を学びます。
- 第3節　乳児（0歳児）の保育のねらいを解説します。
- 第4節　1歳以上3歳未満児の保育のねらいを解説します。
- 第5節　3歳未満児の保育で大切にすることを考えます。

この章の なるほど キーワード

■ **「3つの視点と5領域」**…これまで保育の内容は「5領域」だけでしたが、2017年の保育所保育指針の改定により、乳児保育の内容として「3つの視点」が新たに盛り込まれました。また、5領域は、1歳以上3歳未満児と3歳以上児に分かれました。

年齢に応じて3種類の「ねらい」と「内容」が示されているということですね。

第1節　3歳未満児の保育をめぐる現状

1. 3歳未満児の保育の現状

　ますます少子化の進む日本ですが、子どもたちを取り巻く状況は変化しています。共働き家庭が一般化し、就学前の多くの子どもが小さいうちから保育所に預けられています。すっかり一般的になった育児休業制度も父親の取得がめずらしいことではなくなっています。またコロナ禍においてはリモート勤務など多様な働き方ができる家庭も出てきました。地域によってはまだ問題となっているところもありますが、待機児問題はすでに過去のものとなりつつあります。また、都市部ではすでに0歳児枠に空きがある、という状況も聞かれます。それほど出生数が日本各地で減少しているということではないかと思われます。

　子どものおかれた現状で考えるべきは、多くの子どもが3歳未満時から長時間の保育をされているという現実です。ますます保育の質が大きな問題となります。また「乳児等通園支援事業（こども誰でも通園制度）」[*1]のように新しい子育て支援の形も求められるようになりました。多様な子どもと多様な保護者を支えるために保育者の専門性がさらに求められることになっています。

> ＊1
> 「こども誰でも通園制度」とは、保護者の就労にかかわらず0歳から3歳未満の未就園児が保育施設に通える事業制度のことです。2026（令和8）年、本格実施の予定で検討されています。

2. 子どもの最善の利益のために

　子どもが保育所に入所することは、「母親の就労継続」など、保護者の問題として取り上げられがちです。しかしながら、肝心なのは子どもの問題として、"保育の質"を論議することです。

　2017（平成29）年の保育所保育指針では、保育の質的向上を目指す趣旨が明確に示されました。具体的には、乳児と1歳以上3歳未満児の保育内容が新しく記載されたり、保育における「養護」の機能が強調されたりしました。また、子育て支援として「保護者及び地域が有する子育てを自ら実践する力の向上に資するよう」留意することも規定され、子育てを支援するだけではなく、保護者の力を引き出すようなかかわりが求められています。園においても地域や家庭においても、今後ますます保育者のもつ専門性や園が積み上げてきたノウハウに期待が集まっているのです。

第5章 「保育のねらいと内容と方法」とつながる①―乳児と1・2歳児―

第2節 「領域」と「視点」、「ねらい」と「内容」

　保育の専門家である保育者は、保育を専門的な知識や技術にもとづいて計画的に進めることが業務とされます。そのためには、子ども理解に始まり、発達の基本的な理解、ねらいに沿った環境構成や援助ができることがあげられます。保育を通して、子どもが乳幼児期にふさわしい体験ができ、健やかに成長・発達を遂げられるようにすることが求められるのです。

　乳幼児期にふさわしい体験を考えていくうえで重要なのが、「5領域」の考え方・見方です。

・5領域とは
　健康に関する領域「健康」
　人とのかかわりに関する領域「人間関係」
　身近な環境とのかかわりに関する領域「環境」
　言葉の獲得に関する領域「言葉」
　感性と表現に関する領域「表現」

「領域」は小学校の「教科（国語・算数・理科・社会など）」とは異なります。生活や遊びというまるごとの経験を楽しむ子どもの発達の姿を読み取るための「窓」のようなものです。図5−1で5領域がつながりあっているイメージをつかんでください。

　保育の具体的な活動のなかに、各領域の「ねらい」と「内容」を総合的に盛り込み、これらが子どもの生活全体のなかで達成されるようにしていきます。保育者には、5領域の「ねらい」とねらいを達成させるための「内容」を踏まえて、保育を組み立てていく構想力が必要とされるのです。

・「ねらい」とは
　「ねらい」は、第1章の1の(2)示された保育の目標をより具体化したものであり、子どもが保育所において、安定した生活を送り、充実した活動ができるように、保育を通じて育みたい資質・能力を、子どもの生活する姿から捉えたもの

・「内容」とは
　「内容」は、「ねらい」を達成するために、子どもの生活やその状況に応じて保育士等が適切に行う事項と、保育士等が援助して子どもが環境に関わって経験する事項を示したもの

（保育所保育指針　第2章「保育の内容」より）

「第1章の1の(2)に示された保育の目標」は、本書の第4章（57〜58ページ）に掲載しています。

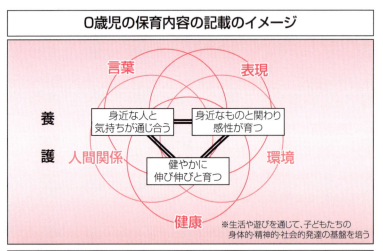

これまで保育内容といえば、5領域だけでしたが、3歳未満児の保育の重要性を考慮して、保育内容は①乳児、②1歳以上3歳未満児、③3歳以上児の3つに分かれました。

大いに注目してくださいね。

図5-1　領域と視点のイメージ

出典：厚生労働省 社会保障審議会児童部会保育専門委員会「保育所保育指針の改定に関する議論のとりまとめ」2016年

　2017（平成29）年の保育所保育指針では、3歳未満児の保育の重要性を再確認し、その内容を充実させるため、乳児（0歳児）の保育では、ねらいと内容を従来の5領域ではなく、「3つの視点」で示しました。また、1歳以上3歳未満児の保育についても、新たに「5領域」の記載が増えました。

　なお、5領域やねらい、内容について書かれている保育所保育指針の「第2章 保育の内容」は、それぞれ「(1) 基本的事項（いわば総論です）」「(2) ねらい及び内容」「(3) 保育の実施に関わる配慮事項」の3つで構成されています。

第5章 「保育のねらいと内容と方法」とつながる①―乳児と1・2歳児―

第3節 乳児（0歳児）の保育のねらい

　乳児保育に関する基本的事項においては、特定の大人との応答的なかかわりによる情緒的な絆の形成の重要性、身体的発達・社会的発達・精神的発達に関する3つの視点、そしてこの内容は養護の内容と一体的に展開されるものであることに十分留意することを求めています。

　3つの視点とは、身体的発達に関する視点「健やかに伸び伸びと育つ」、社会的発達に関する視点「身近な人と気持ちが通じ合う」、精神的発達に関する視点「身近なものと関わり感性が育つ」です。それぞれの視点の「ねらい」を抜粋します。

保育所保育指針

乳児保育に関わるねらい

身体的発達に関する視点「健やかに伸び伸びと育つ」
　健康な心と体を育て、自ら健康で安全な生活をつくり出す力の基盤を培う。
　ねらい
①身体感覚が育ち、快適な環境に心地よさを感じる。
②伸び伸びと体を動かし、はう、歩くなどの運動をしようとする。
③食事、睡眠等の生活のリズムの感覚が芽生える。

社会的発達に関する視点「身近な人と気持ちが通じ合う」
　受容的・応答的な関わりの下で、何かを伝えようとする意欲や身近な大人との信頼関係を育て、人と関わる力の基盤を培う。
　ねらい
①安心できる関係の下で、身近な人と共に過ごす喜びを感じる。
②体の動きや表情、発声等により、保育士等と気持ちを通わせようとする。
③身近な人と親しみ、関わりを深め、愛情や信頼感が芽生える。

精神的発達に関する視点「身近なものと関わり感性が育つ」
　身近な環境に興味や好奇心をもって関わり、感じたことや考えたことを表現する力の基盤を培う。
　ねらい
①身の回りのものに親しみ、様々なものに興味や関心をもつ。
②見る、触れる、探索するなど、身近な環境に自分から関わろうとする。
③身体の諸感覚による認識が豊かになり、表情や手足、体の動き等で表現する。

保育所保育指針は、家庭的保育、小規模保育の場においても遵守されることが期待されます。また、保育者のみならず、子育て家庭の保護者や、社会全般に広く乳児の保育内容を周知するための資料として活用することが望まれます。

第4節　1歳以上3歳未満児の保育のねらい

　1歳以上3歳未満児では、発達の姿から「ねらい」と「内容」は5領域で示されています。乳児（0歳児）同様に、子どもの発達の特徴や養護と教育が一体的に展開されることが示されています。また、ここでの「ねらい」と「内容」は3歳以上児とは別に発達の姿に合わせて書かれています。それぞれの領域での「ねらい」を抜粋します。

> **保育所保育指針**
> **1歳以上3歳未満児の保育に関わるねらい**
> **健康**
> 　健康な心と体を育て、自ら健康で安全な生活をつくり出す力を養う。
> ねらい
> 　①明るく伸び伸びと生活し、自分から体を動かすことを楽しむ。
> 　②自分の体を十分に動かし、様々な動きをしようとする。
> 　③健康、安全な生活に必要な習慣に気付き、自分でしてみようとする気持ちが育つ。
>
> **人間関係**
> 　他の人々と親しみ、支え合って生活するために、自立心を育て、人と関わる力を養う。
> ねらい
> 　①保育所での生活を楽しみ、身近な人と関わる心地よさを感じる。
> 　②周囲の子ども等への興味や関心が高まり、関わりをもとうとする。
> 　③保育所の生活の仕方に慣れ、きまりの大切さに気付く。
>
> **環境**
> 　周囲の様々な環境に好奇心や探究心をもって関わり、それらを生活に取り入れていこうとする力を養う。
> ねらい
> 　①身近な環境に親しみ、触れ合う中で、様々なものに興味や関心をもつ。

②様々なものに関わる中で、発見を楽しんだり、考えたりしようとする。
③見る、聞く、触るなどの経験を通して、感覚の働きを豊かにする。

言葉
　経験したことや考えたことなどを自分なりの言葉で表現し、相手の話す言葉を聞こうとする意欲や態度を育て、言葉に対する感覚や言葉で表現する力を養う。
ねらい
①言葉遊びや言葉で表現する楽しさを感じる。
②人の言葉や話などを聞き、自分でも思ったことを伝えようとする。
③絵本や物語等に親しむとともに、言葉のやり取りを通じて身近な人と気持ちを通わせる。

表現
　感じたことや考えたことを自分なりに表現することを通して、豊かな感性や表現する力を養い、創造性を豊かにする。
ねらい
①身体の諸感覚の経験を豊かにし、様々な感覚を味わう。
②感じたことや考えたことなどを自分なりに表現しようとする。
③生活や遊びの様々な体験を通して、イメージや感性が豊かになる。

　乳児の項目と同様に、「ねらい」と「内容」が発達の姿に合わせて書かれていることで、理解がしやすく指導計画等にも反映がされやすいと考えられます。保育の質の向上のためには、保育を計画的に進めることが不可欠であり、保育者が「ねらい」をしっかりと意識することが重要です。

第5節　3歳未満児の保育で大切にすること

　ここからは、具体的なエピソードを通して3歳未満児の保育で大切にすることを解説していきます（エピソードのなかの①～⑥の番号は、続く本文の解説と連動しています）。

🖋 エピソード　アイちゃんの1日

　まもなく1歳を迎えるアイちゃんは、朝、お母さんに連れられて保育所へ。担当のマユ先生を見つけると抱っこしてとばかりに手を差し出しています①。お母さんは担当のマユ先生にふだんからアイちゃんの様子を聞いているので、すっかり信頼してアイちゃんを預けます⑥。抱っこされなが

らお母さんとバイバイをするとすぐにおもちゃの棚に向かい、大好きなぬいぐるみを手にとって顔をすりすりしています②。するとその様子を見ていたユミちゃんが横からぬいぐるみを取り上げてしまい、アイちゃんは大泣きです。マユ先生は「ユミちゃんもぬいぐるみが大好きなんだね、でも今はアイちゃんが大好きってしてたんだよ。ユミちゃん、ほしいときは『カシテ』っていってみようね」とわかりやすく言葉をかけます③④。また、アイちゃんを抱っこして「大丈夫だよ、こんどはユミちゃんにも貸してあげようね」と安心させつつ、先の見通しももてるようにしています⑤。

① **健全なアタッチメント（愛着）を獲得する**

　人間の子どもは生まれ落ちてすぐから、生きていくために人の手を必要とします。誰かに抱き上げてもらい、ミルクや母乳を与えられ守ってもらわなければ生きてゆくことができません。毎日繰り返される周囲の大人のそうした行動や表情、言葉から愛され守られていることを子どもは感じ取ります。

　その蓄積がアタッチメントを築き、子どもの安心感や自信、自己肯定感（基本的信頼感）を育むことになるのです。そしていつも愛情をもって接してくれる身近な人への信頼が子どもの人格を形づくる基礎となっていきます。このことは子どもの人生を左右する重大なことであり、3歳未満児の保育においては、子どもと保育者の関係構築が重要な課題なのです。担当制[*2]など工夫が求められるところです。

② **自ら環境に働きかけ、さまざまな体験をしながら認識を深める**

　子どもは信頼できる大人の存在（安全基地）があれば、大人から離れて探索活動を始めます。周囲の環境にあるあらゆるものやひとに自分から働きかけていきます。その過程で、五感（見る、聞く、触る、嗅ぐ、味わう）を研ぎ澄まし、環境の有り様やその変化に気づいていきながら、認識を深めていくことになります。保育においては、発達を考慮した、子どもが関わりたくなる環境づくりが重要です。そこには保育者の教材研究が欠かせません。発達の現状の見極めと子どもに経験させたいことの吟味が必要になります。

③ **人と積極的に関わり、感情交流をする**

　身近な大人との関係を深めつつ、周囲の人々に関心を示すようになってきます。大人のみならず、園や家庭においても子ども同士のかかわりも成長に欠かせないものとなります。かかわる体験の中で、「思うようには行かない」

*2
担当制とは、生活上の介助（ミルクを飲ませる、おむつ交換など）をなるべく同じ保育者（担当者）が行っていく保育方法。月齢が進み、行動範囲が広くなってくることにともない、遊びは他の担当者ともかかわる体験もすることが必要。主担当者がいなくても子どもが安定して生活できなくてはならないので、担当者だけがかかわる保育ではなく、緩やかに他の保育者ともかかわれるようにしながら、子ども自身が愛着対象を見つけていけるようにしていくことが必要です。

第5章 「保育のねらいと内容と方法」とつながる①―乳児と1・2歳児―

場面に遭遇し、トラブルになることも多々ありますが、その体験の積み重ねは、「他者にも思いがあること」を気づかせ、「自分にも思いはあるが少し我慢しよう」という行動にもつながっていきます。人と感情交流をしてこそ、コントロールすることもできるようになるので、コミュニケーションの原初ともいえる、このようなかかわり方を保育のなかで体験させたいものです。

④ 体験することと言葉がつながり、伝えたい気持ちから獲得されていく言語

周囲のものや人とかかわる体験のなかで接する「ことば」が子どもの思考のツールとなり、認識がさらに深まります。さらに、個人差はあるものの、周囲に自分の思いを伝えようとする行動や仕草が見られるようになります。伝えようとする時に「言葉とは伝える手段であり、そのためにはとても便利なもの」という気づきがあってはじめて言語獲得は確実なものとなるのです。伝えたい！という強い気持ちがわき起こるような周囲の人との関係づくり、体験の中での驚きや気づきが生まれるような環境づくりに工夫が必要です。

⑤ 養護と教育の一体性を意識する

3歳未満児においては、しっかりとした養護を基礎に、個々の子どもの姿に合わせた保育が展開されていくことが求められます。指針に示されるように養護のねらいは「生命の保持」と「情緒の安定」です。「ミルクを飲ませてもらう」「おむつを替える」など日常の行為は、子どもへの愛情を込めて繰り返されます。それは確かに養護としての意味がありますが、子どもの健やかな成長を願い、子どものサインに応答的に答えることの意味を理解して接するのであれば、同時に教育としての行為にもなり得ることになります。これまで説明してきたように、つまり教育は養護を基礎としてその上に成り立つものであり、養護と教育の一体化とは、教育する側のそのような意識によって成されるものであるといえます。

⑥ 保護者と連携して家庭的な保育を心がける

保育所での保育が子どもの成長・発達において、有効なものとなるためには、家庭・保護者の理解と協力が欠かせないものです。特に3歳未満児の保育においては、子育ての出発点として家庭とより緊密に連携していく必要があります。家庭の子育てが充実したものになるように、情報を提供し、家庭の様子も丁寧に聞いていくという双方向のコミュニケーションも重要です。

また、長い時間を過ごす保育所の生活では、家庭に近い環境で生活することが子どもの安心感につながります。個々の家庭の状況を聞きながら、家庭と緩やかにつながった連続性ある生活をつくり出すことが、環境づくりの重

要なポイントになってくるのです。家庭と同じように過ごせる、家庭を感じられるものがあるなど「家庭的な保育」の構想をしっかりともち、その実現に向けて保護者と信頼関係を深めていくことも保育者の大切な役割です。

　保護者との関係をどのように構築していくかは、保育者の目指す子どもの「育ってほしい姿」の実現を大きく左右するといっても過言ではありません。保育とは、**子どもと保護者と保育者がさまざまにかかわり、つながることで、子どもがすこやかに育っていく営み**と言えます。そこには子どもの育ちのみならず、保護者としての育ち、保育者としての成長があります。保育者はその営みのいわば「仕掛け人」であり、その工夫が専門性として求められています。

レッツトライ　演習課題

●乳児保育では「担当制」という保育方法が重要視されています。その意義や具体的にはどのように保育が展開されていくのか考えてみましょう。(保育所保育指針　第2章「保育の内容」をよく読んでください)。

ホップ　なぜ「担当制」が重要な保育方法なのでしょうか？　自分の意見を箇条書きで書き出してみましょう。

....

....

ステップ　「担当制」の保育が展開されている様子をイメージして、そのメリットとデメリットについて周囲の人と話し合ってみましょう。たとえば食事、午睡の場面など。

....

....

....

第5章 「保育のねらいと内容と方法」とつながる①―乳児と1・2歳児―

ジャンプ　ホップとステップを踏まえて、乳児保育の担当者として、心がけていかなければならないことはどのようなことがあるかを文章にまとめてみましょう。

....

....

....

【参考文献】

大竹節子・塩谷香監修『0～5歳児の発達と保育と環境がわかる本』ひかりのくに　2012年

森上史朗・小林紀子・若槻芳浩編『最新保育講座　保育原理』（第3版）　ミネルヴァ書房　2015年

天野珠路・北野幸子編『基本保育シリーズ　保育原理』中央法規出版　2015年

寺田清美・大方美香・塩谷香編『基本保育シリーズ　乳児保育』中央法規出版　2015年

厚生労働省「保育所保育指針」　2017年

第6章
「保育のねらいと内容と方法」とつながる②
― 3歳以上児 ―

 エクササイズ　　自由にイメージしてみてください

保育所と幼稚園と認定こども園の子どもの生活の違いとはどのような点だと思いますか？

第6章 「保育のねらいと内容と方法」とつながる②―3歳以上児―

この章のまとめ！

学びのロードマップ

- 第1節　3歳以上児の保育をめぐる状況を確認します。
- 第2節　3歳以上児の保育のねらいと内容を学びます。
- 第3節　エピソードを通して保育を具体的に考えます。

この章の なるほど キーワード

■ **「保育内容の共通化」**…わが国の保育制度は複雑化してみえますが、保育内容の定義については幼稚園・保育所・認定こども園ともに共通化が図られています。

子どもがどの施設で育っても同じ質の保育を受けられるということですね。

第1節　3歳以上児の保育をめぐる状況

1. 3歳以上児保育のこれまで

　教育を営む機関は、法律によってすべて目的や目標が定められています。そして各々の教育機関が、そこで定められた規定にしたがい、地域の実態に即した目標を掲げて教育を実施しているのです。これは幼児教育や保育の現場も同様です。

おさらいです

幼稚園	保育所	幼保連携型認定こども園
文部科学省によって教育課程の編成基準が**幼稚園教育要領**（以下、要領）に示され、各園はこの基準にしたがって、幼児教育の役割を果たしています。	厚生労働省によって保育の計画の編成基準が**保育所保育指針**（以下、指針）に示され、各施設はこの基準にしたがって、保育の役割を果たしています。	内閣府・文部科学省・厚生労働省が**幼保連携型認定こども園教育・保育要領**を告示したことにより、幼保連携型認定こども園における編成基準が明確化されました。

要領と指針の編成基準は時代の流れに応じて、概ね10年ごとに改訂（定）が行われてきました。

認定こども園の創設は2006（平成18）年、幼保連携型認定こども園教育・保育要領が告示されたのは2014（平成26）年と最近のことです。

2. 3歳以上児の保育内容の共通化

　2023（令和5）年4月1日、子ども政策の新たな行政機関である「こども家庭庁」[*1]が発足されたことを受け、わが国の保育制度は文部科学省とこども家庭庁の連携によって運営されることになりました。保育内容の定義については従来通り、幼稚園・保育所・認定こども園ともに共通化が図られています。それは、保育という営みが、乳幼児全体を対象に行われるものであること、またそこには、3歳未満児と3歳以上児の**設定区分こそありますが**、いずれも適切な環境のもとで、安全かつ安定した活動ができるように情緒の安定を図っていくことが前提とされています。

　そのうえで3歳以上児には、さまざまな体験を通して、心身の健全な発達を導いていく教育的な営みであることが**再確認**され、特に家庭では行えない幼児同士のかかわりを体系的かつ組織的に経験させて、小学校以降の集団教育につながる基礎形成を図っていくことが求められているのです。

[*1]「こども家庭庁」についての詳しい解説はp.182参照。

第6章 「保育のねらいと内容と方法」とつながる②―3歳以上児―

　3歳以上児の保育内容には、5つの領域で構成された教育目標が掲げられています。これは、学校教育法第23条で規定されている幼稚園の教育目標1～5の内容をさらに具体化したもので、「健康」「人間関係」「環境」「言葉」「表現」といった5つの要素で構成されています。ここで示されている領域は、一つ一つの要素が幼児の発達をとらえる際の窓」であるととらえられているため、幼児の発達に応じて、保育者の指導内容や幼児の経験内容が計画されていきます。

　以上のことから、3歳以上の幼児を対象にした保育は幼稚園、保育所、認定こども園ともに同じ目的のもとで実施され、社会で生きていくための基礎力を育むスタートラインの場として位置づけられているということになります。

3. 保育所保育における幼児教育の積極的な位置づけ

　以前の保育所保育指針は、2008（平成20）年に改定が行われ、2009（平成21）年に施行されました。その間、保育所では、満3歳以上児の保育に対して、幼稚園で実施されている5領域との整合性を図りながら保育活動を計画し、実践が行われてきました。

　2017（平成29）年の幼稚園教育要領、保育所保育指針、幼保連携型認定こども園教育・保育要領では、**急激な社会変化にも対応できる人材を教育のなかで育んでいくために**、従来の幼小・小中・中高接続といった学校段階間の連携はもちろん、幼稚園から高校卒業までの教育を一貫した学びの過程としてとらえた検討が行われています。こうした背景もあり、3歳以上児を対象に保育を実施している保育所にも、学校の教育機関である幼稚園と同様に教育の基本方針や目標を明確化して、目標実現のための手立てや評価、改善の充実化を図って、今まで以上に幼児教育を担う施設として位置づけていくことが求められることになりました。

4. 3歳以上児保育のこれから

　これまでにも述べてきたように、今回の改訂ではこれからの時代を生きていくために自ら考え行動する人材を育成するための教育のあり方が重視されています。それを受け、3歳以上児を対象にした幼児教育では、以下のような基本的な考え方が打ち出されました（図6-1）。

　1つめのポイントは、幼児教育と小学校以降の学校教育のつながりを明確にするため、「**幼児教育で育みたい資質・能力（3つの柱）**」が明示されたこ

とです。しかし、教科教育が中心の小学校以上の教育に対して、幼児教育の指導は従来通り、遊びを通した総合的指導の考えが踏襲されています。

```
1. 幼児教育で育みたい資質・能力（3つの柱）
   (1) 知識及び技能の基礎
   (2) 思考力、判断力、表現力等の基礎      →  ＜5領域＞
   (3) 学びに向かう力、人間性等              遊びを通した総合的な指導で育む

2. 幼児期の終わりまでに育ってほしい姿（10の姿）
   (1) 健康な心と体
   (2) 自立心
   (3) 協同性
   (4) 道徳性・規範意識の芽生え              「アプローチカリキュラム」と
   (5) 社会生活との関わり                →   「スタートカリキュラム」の
   (6) 思考力の芽生え                        連続性・一貫性の推進
   (7) 自然との関わり・生命尊重
   (8) 数量や図形、標識や文字などへの関心・感覚   ※3歳児教育の標準化
   (9) 言葉による伝え合い
   (10) 豊かな感性と表現

3. 幼稚園、保育所、認定こども園と小学校のより一層の接続の推進
```

図6-1　要領・指針の改訂で定められた幼児教育に対する基本的考え方

出典：文部科学省「教育課程部会幼児教育部会」（平成28年4月・10月）配布資料をもとに筆者作成

　2つめのポイントは、これまでの5領域を踏襲しつつ、今回の改訂で示された「**幼児教育で育みたい資質・能力**」の3つの柱を踏まえ、「幼児期の終わりまでに育ってほしい具体的な姿」が10項目定められました。この10項目は、5歳になって急に育つものではなく、3歳や4歳の時期の生活や遊びにおける経験内容の積み重ねによって達成されていくため、それぞれの時期にふさわしいねらいや内容の見直しを図りながら、5歳の時期へとつなげていくことが求められています。また、ここでの指導も10項目を個別に抽出して指導していくのではなく、幼児教育の基本である遊びを通して総合的に育てていくことが示されています。

　3つめのポイントは、ここで掲げられた10項目が、幼児教育と小学校教育を結ぶ架け橋となることを念頭において指導を進めることが求められていることです。すなわち、後の小学校教育において、**幼児教育で培われた「見方・考え方」**を各教科の特質に応じた「見方・考え方」につなげていくことが求められているのです。

幼児期の終わりまでに育ってほしい姿は次の第7章でもあらためて解説します。

第2節　3歳以上児の保育のねらいと内容

1. ねらい及び内容の要点

　2017（平成29）年の改訂で特筆すべきことは、幼稚園・保育所・認定こども園における3歳以上児の保育に関するねらい及び内容が、すべて同一の記載になったことです。記載の方法が改められたことにより、幼児教育としての共通性が確保され、指導のあり方についても同一化が図られました。

　2017（平成29）年告示の幼稚園教育要領では、「ねらいは、幼稚園教育において育みたい資質・能力を幼児の生活する姿からとらえたものであり、内容は、ねらいを達成するために指導する事項である」と改められました。また、幼児の発達を踏まえた指導を行うにあたっては、留意すべき事項に「内容の取扱い」が明記され、「幼児期の終わりまでに育ってほしい姿」が掲げられました。

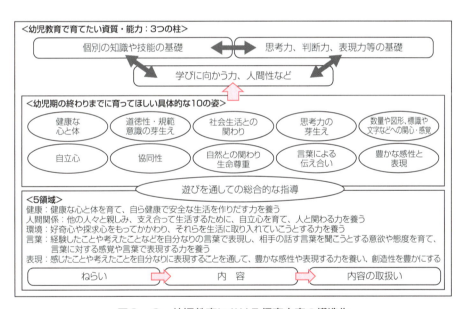

図6-2　幼児教育における保育内容の構造化

出典：文部科学省「教育課程部会幼児教育部会」（平成28年5月）配布資料3をもとに筆者作成

　つまり、幼児教育における保育活動は、「幼児期の終わりまでに育ってほしい姿」を念頭に置いて保育を行うこと、またその際は、各領域のねらいを関連させ、他児との比較を行うのではなく、幼児一人一人の違いを受け止め、彼らの興味や関心を踏まえながら環境を構成し、そこに主体的に関わることで生まれる「遊び」や「生活」を通して、一人一人の発達を保障していくことが求められるということになります（図6-2）。

保育所保育指針

3歳以上児の保育に関するねらい

健康

　健康な心と体を育て、自ら健康で安全な生活をつくり出す力を養う。

ねらい
① 明るく伸び伸びと行動し、充実感を味わう。
② 自分の体を十分に動かし、進んで運動しようとする。
③ 健康、安全な生活に必要な習慣や態度を身に付け、見通しをもって行動する。

人間関係

　他の人々と親しみ、支え合って生活するために、自立心を育て、人と関わる力を養う。

ねらい
① 保育所の生活を楽しみ、自分の力で行動することの充実感を味わう。
② 身近な人と親しみ、関わりを深め、工夫したり、協力したりして一緒に活動する楽しさを味わい、愛情や信頼感をもつ。
③ 社会生活における望ましい習慣や態度を身に付ける。

環境

　周囲の様々な環境に好奇心や探究心をもって関わり、それらを生活に取り入れていこうとする力を養う。

ねらい
① 身近な環境に親しみ、自然と触れ合う中で様々な事象に興味や関心をもつ。
② 身近な環境に自分から関わり、発見を楽しんだり、考えたりし、それを生活に取り入れようとする。
③ 身近な事象を見たり、考えたり、扱ったりする中で、物の性質や数量、文字などに対する感覚を豊かにする。

言葉

　経験したことや考えたことなどを自分なりの言葉で表現し、相手の話す言葉を聞こうとする意欲や態度を育て、言葉に対する感覚や言葉で表現する力を養う。

ねらい
① 自分の気持ちを言葉で表現する楽しさを味わう。
② 人の言葉や話などをよく聞き、自分の経験したことや考えたことを話し、伝え合う喜びを味わう。
③ 日常生活に必要な言葉が分かるようになるとともに、絵本や物語などに親しみ、言葉に対する感覚を豊かにし、保育士等や友達と心を通わせる。

第6章 「保育のねらいと内容と方法」とつながる②―3歳以上児―

> **表現**
>   感じたことや考えたことを自分なりに表現することを通して、豊かな感性や表現する力を養い、創造性を豊かにする。
> **ねらい**
>   ① いろいろなものの美しさなどに対する豊かな感性をもつ。
>   ② 感じたことや考えたことを自分なりに表現して楽しむ。
>   ③ 生活の中でイメージを豊かにし、様々な表現を楽しむ。

2. 幼児教育の方法（資質・能力はどのように育つのか）

　保育・幼児教育を語るうえで、欠くことができないキーワードはと問われたら、みなさんはどのように答えるでしょうか。おそらく今までの学びを通して、多くの人が「遊び」というキーワードを出されるのではないかと思います。では、「遊び」という言葉から何をイメージしますか？　ある人は、「楽しい」という感覚を思い浮かべるでしょう。ある人は、「仕事」に対する対比概念としての「遊び」を思い浮かべるかもしれません。「遊び」に対するイメージは人それぞれなのです。では、幼児期の「遊び」の価値に真に思いを馳せられる大人はどれだけいるでしょうか。「遊んでばかりいて……」という言葉からもわかるように、大人のなかには「遊び」に対して否定的なイメージを抱いている場合もあるでしょう。
　しかし、子どもにとって「遊び」は彼らの全人格的な発達を促すとても大切な営みであることをまず自覚しましょう。

3. 幼児教育における子どもの見方・考え方

　さて、幼児期は幼児一人一人が異なる家庭環境や生活経験のなかで、自分が親しんだ具体的な物を手掛かりにして自身のイメージを形成し、それにもとづいて物事を感じ取ったり気づいたりする時期です。このことから、幼児教育における子どもの「見方・考え方」は、幼児がそれぞれの発達に即しながら身近な環境に主体的にかかわり、心動かされる体験を重ね、遊びが発展し、生活が広がる中で、環境との関わり方や意味に気づき、諸感覚を働かせながら、これらを取り込もうと試行錯誤し、思い巡らせたりするプロセスにあらわれます。故に保育者は、こうした特性を把握したうえで指導・援助を行うことが必要になるのです。さらに、このような「見方・考え方」は、「遊び」や「生活」の中で幼児理解にもとづいた保育者による意図的、計画的な環境構成の下で展開・修正・変化・発展していくものです。まさに、こうし

た「見方・考え方」が幼児期の子どもの「学び」につながり、「遊び」は「学び」といわれる所以となっているのです。「遊び」が「学び」である以上、保育者は幼児の遊びにおける学びを丁寧にとらえ、評価していくことも求められます。この考えにもとづき、今回の改訂では5領域の内容も一部改められました。

第3節　エピソードを通して考える

ここからは、幼児の遊びにおいて、さまざまな学びを獲得している姿と保育者の関わり方を、4歳児のトモくんのエピソードの読み取りからとらえてもらいたいと思います。

1.「とい遊びの中で、さまざまなことを試そうとする姿から」（4歳児、9月）

エピソード（1）　子どもの欲求に応える

トモくんは登園してくると、部屋の前の砂場のといを見て、「流しそうめんのやつだ。遊びたい」と、保育者に話しかけてきた。

トモくんは、といを見ることによって、過去に行った流しそうめんを思い起こし、それを遊びのなかで再現しようとしたのです。再現しようとしたのは、過去の流しそうめんの体験が楽しかったからです。では、トモくんはなぜ保育者に「遊びたい」と話しかけてきたのでしょう。おそらく日ごろからトモくんにとって保育者は、トモくんがこんなことをして遊びたいという思いを抱いた時、それを実現する手助けをしてくれる存在になっていたと思われます。トモくんには保育者の存在が、ちゃんと自分の思いを受け止めてくれる人として映っていたのでしょう。つまり、子どもがこうしたいという思いを保育者に向かって表現できるようになるために、保育者は日ごろから子どもの声に耳を傾け、その要求に応える姿勢で向き合うことが求められるとわかります。

第6章「保育のねらいと内容と方法」とつながる②―3歳以上児―

エピソード (2)　子どもの存在を受け止める

　保育者は「そうなんや。朝の用意ができたら一緒に遊ぶ？」と聞くと、トモくんはうなずいて朝の用意をしてから砂場に出てきた。

　流しそうめんごっこをしたいという思いがはっきりとしていたトモくんは、保育者の「一緒に遊ぶ？」という言葉を聞いて、自分の思いを保育者が一緒になって実現してくれるとうれしく思ったことでしょう。おそらく、といを目の前にしてトモくんはすぐにでも活動に取り組みたいと思ったのではないでしょうか。しかし、トモくんは、ちゃんと朝の身支度を済ませようとしたのです。では、このようにトモくんが対応できたのはなぜでしょう。トモくんには、保育者が一緒に遊ぶ約束を守ってくれるという確信があったと考えられます。また、「流しそうめんごっこがしたい」というトモくんの思いを保育者が受け止め、その実現に向けて協力してくれると確信したのでしょう。だからすぐに流しそうめんごっこをはじめなくても、その前に身支度を済ませることができたのです。保育者の言動を信じることができたゆえに、トモくんはすぐにでも遊びはじめたいという欲求を抑制することができたと考えられます。

　また、一緒に遊ぶ保育者の存在は、子どもにとってはとても「有り難い存在」です。子どもにとっては、自分がしている遊びに興味をもってくれること自体、うれしいことなのですが、それは自分への肯定的なまなざしを感じる時であり、自分の存在を受け止めてもらえる時なのです。

エピソード (3)　表情を見ながら適切に声をかける

　トモくんは最初ビールケースの上にといをななめに置いた。そしてじょうろに水をくんで端から水を流しはじめた。「やったー。水が流れた」といいながらも少し不満げな表情をしていた。保育者はトモくんの表情に気づき、「水が流れたけど、どうしたの？」と尋ねた。トモくんは「前みたいに水が速く流れない。どうしよう」と言った。

　トモくんが少し不満げな表情を見せたのは、自分がイメージした水の流れ方とは異なった流れ方になったからでしょう。実際に流れている水のスピー

ドと、過去に体験した水のスピード感が異なっていたのです。そして「なぜだろう」と疑問を抱いたのです。

　この場面では、保育者がその不満げな表情に気づいて声をかけることによって、トモくんの「自分は速く水を流したいんだ」という思いが明確になったと思われます。そしてそれは、さらに工夫し試行錯誤するきっかけになったり、保育者や友だちの力を借りるという発想が生まれるきっかけになったりしたのです。したがって、保育者は子どもの表情の変化に敏感であることが求められます。表情の変化を読み取りながら、それがどのような心の動きを表すものであるのかを、子どもの内面をていねいに読み取りながらつかむことで、適切な指導・援助が可能になるのです。

エピソード（4）　子どもと一緒に考える

　保育者も一緒に考えていると、外に出てきたナオくんがトモくんを見つけて「入れて」と言って遊びに参加してきた。保育者がトモくんが困っていることを話すとナオくんがその話を聞いて、「それだったら、これを重ねてみたら」とビールケースをもう一つ重ねてその上にといをのせた。

　保育者が子どもと対等の立場でともに考える存在として位置づくことによって、子どもの思考が豊かに展開していくことが読み取れます。また、保育者とトモくんがともに遊ぶ姿に触発されて仲間入りしたナオくんに対して、保育者が「困っている姿」を演じることで、ナオくんには思考するきっかけを与えることとなりました。「困っているから考えてあげる」というように自分が優位に立つことで、ナオくんはより積極的に思考しはじめたと思われます。その結果、さらに傾斜をつけるために2つのビールケースを積み重ねるという工夫を生み出したのです。

　保育者は子どもよりはるかに人生経験が長く知識も豊富です。物事の道理もわかっています。だからつい、教えたくなってしまうのです。しかし保育者の役割は、効率的に知識や技術を伝達することではなく、子どもが自ら知識や技術を身につけていく過程をともに歩むことなのです。そして子ども自身が、自らの力で知識や技術を身につけていくことを誇りに感じられるような方法で、保育者は関わってほしいと思います。だからこそ、保育者は時に子どもに「先生にも知らないことがあるんだな」と思われるように、演じる場面があっても良いのです。

第6章「保育のねらいと内容と方法」とつながる②―3歳以上児―

> **エピソード (5)　子どもとともに喜ぶ**
>
> トモくんはもう一度じょうろに水をくんできて水を流した。さっきより水が流れるのが速いのを見て「速い、速い」と言い、トモくんはとても満足そうであった。ナオくんと保育者も一緒になって喜んだ。

　トモくんがこうしたいという思いを持って取り組んでいたということが、他児のアイディアによって実現したことを素直に喜んで受け止める姿からわかります。自分の課題実現のために他の人の力を借りるのは生きていく能力の一つだと思いませんか。相手に助けてもらったことを卑屈に思うことなく、トモくんは素直に願いの実現を喜ぶことができたのです。また、ここにはナオくんと保育者がともに喜ぶ姿が描かれています。トモくんは、保育者やナオくんが我がことのようにともに喜んでくれる姿を目の当たりにして、自分のしていることの価値に気づくとともに、自分の存在そのものを価値あるものと実感したのではないでしょうか。保育者が子どもの遊びを共感的に受け止め、課題を達成した喜びの感情を共有することには、とても深い意味があることに気づいてほしいと思います。

2. エピソード考察のまとめ

　さて、これらのエピソードとその読み取りについてみなさんはどのように感じたでしょう。幼児教育に重視されている主体的な活動の展開には保育者の存在が大きく影響していることが見えてきたのではないでしょうか。また、このエピソードの解釈のように、保育者自身が、幼児の活動場面に価値を見いだし、そこに深い意味が存在することを読み取らなければ、それは単なる活動をしたという事実だけが残ることになります。幼児は、こうした活動の積み重ねを通して、領域に示されたねらいや内容を達成し、3つの資質・能力や幼児期の終わりまでに育ってほしい具体的な10項目の姿を、保育者の指導・援助のもと育んでいるのです。つまり、こうした深い読み取りに根ざした真の幼児理解にもとづいた教育を提供することで、初めて幼児の発達が促されていくことを再確認しておきたいと思います。

●本章のエピソードを振り返って考えてみましょう。

ホップ　(1)～(5)のエピソードから、それぞれの領域の要素を抽出してみましょう。

……………………………………………………………………………………………………
……………………………………………………………………………………………………
……………………………………………………………………………………………………

ステップ　ホップで導き出された要素について、なぜ、そう考えたのかグループで話し合ってみましょう。

……………………………………………………………………………………………………
……………………………………………………………………………………………………
……………………………………………………………………………………………………

ジャンプ　ホップ、ステップで導き出された要素を「幼児期の終わりまでに育ってほしい姿」に当てはめてみましょう。

……………………………………………………………………………………………………
……………………………………………………………………………………………………
……………………………………………………………………………………………………
……………………………………………………………………………………………………

【参考文献】
保育福祉小六法編集委員会編『保育福祉小六法』みらい　2017年
民秋言編『保育原理　その構造と内容の理解』萌文書林　2006年
無藤隆編『幼稚園 新幼稚園教育要領 ポイントと教育活動』東洋館出版社　2009年
文部科学省「教育課程部会　幼児教育部会（第7回）配布資料」2016年
http://www.mext.go.jp/b_menu/shingi/chukyo/chukyo3/057/siryo/attach/1370317.htm
無藤隆『学習指導要領改訂のキーワード』明治図書　2017年

第6章 「保育のねらいと内容と方法」とつながる②—3歳以上児—

> **コラム** ホイクのツボ②

保育とは「子どもと保育者との人間関係」です

保育現場の先輩からのメッセージです

　保育とは何でしょうか？保育理念や、保育形態、保育方法、保育内容、保育者のあり方などさまざまな角度から保育をとらえることができますが、「Early Childhood Education and Care」と表現されるように「教育と養護」です。つまり、どのようにして「教育と養護」を行うか、が保育の本質といえます。現在の日本では、保育所をはじめ多様な保育施設が存在し、また、24時間保育や病児保育などさまざまな保育サービスも行われています。これらすべてに共通することは、子どもの成長を促すために保育者が援助をするという点です。

　保育者は子どもの「安全基地」となるために、個々に応じた援助を行います。安全基地とは、子どもが安心できる関係や環境です。それらを整えるために保育者は常に子どもを観察し、時にはスキンシップを取り入れながら温かく接することで愛情を注ぎます。一方、子どもは、そうした環境や保育者との関係を、いつどのように受け入れようかと、保育者を試すように様子を見ながら、少しずつ言動に現わしていきます。いわゆる、「自己を発揮する」タイミングを計っているのです。最初から自己を発揮する子どももいれば、1年以上かかる子どももいます。なかには、卒園まで時間がかかる子どももいるでしょうし、年齢や月齢などの発達段階によっても時期が異なります。

　では、保育の現場で自己を発揮するまでの時間が早ければ早いほど良いのでしょうか？本当の意味でそれができているのであれば、その答えはYESかもしれません。ですが、保育の現場で自己を発揮するまでに時間がかかることはダメなのか？と問われると、それはNOだと答えます。なぜなら、子どもはその間にさまざまなことを考え、葛藤し、挑戦し、失敗します。むしろ、その時間と経験こそ、子どもの成長に必要だといえるからです。どんな子どもであっても、受け入れてもらえる関係や環境（すなわち安全基地）が不可欠です。保育者が子どもを受け入れることで初めて保育が成立するのです。しかしながら、その関係が保育者の一方的なものであってはなりません。子どもと保育者が共に作り上げる関係でなくてはならないのです。要するに、保育とは「子どもと保育者との人間関係」と言えるのです。

第7章

「幼児期の終わりまでに育ってほしい姿」とつながる―小学校との接続―

エクササイズ　　自由にイメージしてみてください

　保育所、幼稚園、認定こども園には、小学校の各教科のように通知表（成績表）がありません。なぜだと思いますか？

第7章 「幼児期の終わりまでに育ってほしい姿」とつながる—小学校との接続—

この章のまとめ！

学びのロードマップ

- 第1節 「幼児期の終わりまでに育ってほしい姿」と「育みたい資質・能力」のとらえ方と「5領域」とのつながりについて学びます。
- 第2節 幼保こ（幼稚園、保育所、認定こども園）小の接続・連携、すなわち"卒園後の子どもたちの姿"について考えます。

この章の なるほど キーワード

■ **「幼児期の終わりまでに育ってほしい姿」** …5領域の考え方を前提として整理された、卒園間近の子どもたちに見られることが予想される姿です。

人は成長するにしたがって個性や個人差も出てきます。一人一人の思いをしっかり受け止めてあげたいですね。

第1節　幼児期の終わりまでに育ってほしい姿

1. 子どもの発達と学びの連続性

　幼稚園や保育所等の保育の場で生活をしている年長クラス（5歳児クラス）の子どもたちの姿を思い浮かべてください。同時に小学校1年生の姿もイメージしてください。どうでしょう？ 身長や体重、ものの考え方、コミュニケーション能力などが、劇的に成長、発達が進んだ
姿（大人と同じ身長になったり、高度なディスカッションができたり、微分積分の計算ができたり…）を想像した人はいないのではないでしょうか。それは当然のことだと思います。なぜなら、年長クラスの子どもは小学校1年生と1歳しか違わないのですから。年長クラスの子どもに比べて、"少しだけ"成長した姿が小学校1年生なのです。

　"少しだけ"成長した姿ということは、年長クラスの子どもと小学校1年生の子どもの間に、「接点」「共有部分」が多いことは容易に想像することができます。言い方を換えれば、両者は"連続"しているのです。

　だとすれば、保育者が子どもの発達や学びについて考える時、卒園後の小学校での子どもの姿と関連づけることは必然的と言えるでしょう。これを反対側から見れば、小学校教諭が保育の場における子どもの姿について知ることもまた重要、ということになります。

　幼稚園教育要領には、小学校教育との接続について以下のように書かれています（以下、傍点と下線は筆者）。

幼稚園教育要領

第1章 総則　第3 教育課程の役割と編成等の 5
　小学校教育との接続に当たっての留意事項
（1）　幼稚園においては、幼稚園教育が、小学校以降の生活や学習の基盤の育成につながることに配慮し、幼児期にふさわしい生活を通して、創造的な思考や主体的な生活態度などの基礎を培うようにするものとする。
（2）　幼稚園教育において育まれた資質・能力を踏まえ、小学校教育が円滑に行われるよう、小学校の教師との意見交換や合同の研究の機会などを設け、「幼児期の終わりまでに育ってほしい姿」を共有するなど連携を図り、幼稚園教育と小学校教育との円滑な接続を図るよう努めるものとする。

第7章 「幼児期の終わりまでに育ってほしい姿」とつながる―小学校との接続―

　また、保育所保育指針には、小学校との連携として次のような記述があります。

保育所保育指針

第2章　保育の内容　4　保育の実施に関して留意すべき事項　(2) 小学校との連携

ア　保育所においては、保育所保育が、小学校以降の生活や学習の基盤の育成につながることに配慮し、幼児期にふさわしい生活を通じて、創造的な思考や主体的な生活態度などの基礎を培うようにすること。

イ　保育所保育において育まれた資質・能力を踏まえ、小学校教育が円滑に行われるよう、小学校教師との意見交換や合同の研究の機会などを設け、第1章の4の(2)に示す「幼児期の終わりまでに育って欲しい姿」を共有するなど連携を図り、保育所保育と小学校教育との円滑な接続を図るよう努めること。

　次に、幼保連携型認定こども園教育・保育要領を見てみましょう。そこには、小学校教育との接続に当たっての留意事項が示されています。

幼保連携型認定こども園教育・保育要領

第1章 総則 第2 教育及び保育の内容並びに子育ての支援等に関する全体的な計画 1 教育及び保育の内容並びに子育ての支援等に関する全体的な計画の作成等　(5) 小学校教育との接続に当たっての留意事項

ア　幼保連携型認定こども園においては、その教育及び保育が、小学校以降の生活や学習の基盤の育成につながることに配慮し、乳幼児期にふさわしい生活を通して、創造的な思考や主体的な生活態度などの基礎を培うようにするものとする。

イ　幼保連携型認定こども園の教育及び保育において育まれた資質・能力を踏まえ、小学校教育が円滑に行われるよう、小学校の教師との意見交換や合同の研究の機会などを設け、「幼児期の終わりまでに育ってほしい姿」を共有するなど連携を図り、幼保連携型認定こども園における教育及び保育と小学校教育との円滑な接続を図るよう努めるものとする。

　これら3つの文書を読むと、"つながる""接続"という言葉がすべてに見られることがわかります。幼稚園であれ、保育所であれ、幼保連携型認定こども園であれ、小学校教育とのつながりや接続を意識した保育実践が求められているのです。

　また、2023（令和5）年4月から施行されたこども基本法[*1]には、国が行

[*1] こども基本法　詳しくは p.183 参照。

うこども施策に関して「新生児期、乳幼児期、学童期及び思春期の各段階を経て、おとなになるまでの心身の発達の過程を通じて切れ目なく行われるこどもの健やかな成長に対する支援」という記述がみられます（第2条の2の一）。ここに示されている"切れ目なく行われる"という部分は、当然のことながら、就学前保育施設と小学校の接続にも当てはまると考えられます。

2.「幼児期の終わりまでに育ってほしい姿」と「幼稚園教育において育みたい資質・能力」

　下線を引いた「幼児期の終わりまでに育ってほしい姿」という記述も、すべての文書に見られます。幼児期というのは、ここでは"小学校に入学するまでに"と解釈します。保育者は子どもが卒園するまでに、どのような姿に成長することを目指すのでしょうか。

　また、幼稚園教育要領には、「幼児期の終わりまでに育ってほしい姿」に併せて、「幼稚園教育において育みたい資質・能力」[*2]という表記も見られます。「幼稚園教育において育みたい資質・能力」は、第1章でも学んだように3つの柱によって構成されます。

> ○豊かな体験を通じて、感じたり、気づいたり、分かったり、できるようになったりする「**知識及び技能の基礎**」
> ○気付いたことや、できるようになったことなどを使い、考えたり、試したり、工夫したり、表現したりする「**思考力、判断力、表現力等の基礎**」
> ○心情、意欲、態度が育つ中で、よりよい生活を営もうとする「**学びに向かう力、人間性等**」

　この3つの資質・能力「知識及び技能の基礎」「思考力、判断力、表現力の基礎」「学びに向かう力、人間性等」は、保育内容の5領域の枠組みのなかで育むことができるものです。そして、この3つの資質・能力を踏まえたうえで、育みたい内容を具体的に示したものが、「幼児期の終わりまでに育ってほしい姿」なのです。幼稚園教育要領等に記述されている、「幼児期の終わりまでに育ってほしい姿」とは次に示した、10の姿です。

*2
保育所保育指針では「育みたい資質・能力」、幼保連携型認定こども園教育・保育要領では、「幼保連携型認定こども園の教育及び保育において育みたい資質・能力」と記されています。「資質・能力」を育むことは、3つの施設に共通して求められています。

第7章 「幼児期の終わりまでに育ってほしい姿」とつながる —小学校との接続—

> （1）健康な心と体
> （2）自立心
> （3）協同性
> （4）道徳性・規範意識の芽生え
> （5）社会生活との関わり
> （6）思考力の芽生え
> （7）自然との関わり・生命尊重
> （8）数量や図形、標識や文字などへの関心・感覚
> （9）言葉による伝え合い
> （10）豊かな感性と表現

到達目標（必ずできるようになってほしいこと）ではないことに注意しましょう！

栄養をバランスよくとるように、育ちのバランスを見るのに役立ててください。

　保育の場を卒園する時、子どもたちがこれら10の姿にまで育つことを願って保育者は保育を行います。このように説明すると、とてもシンプルに理解できそうですが、少し立ち止まって考えることが必要です。なぜなら、この10の姿を理解する時に、保育実践のなかの、非常に大切な要素について確認することが必要だからです。

3．「幼児期の終わりまでに育ってほしい姿」のとらえ方

（1）「ねらい」と「内容」に関する確認

　「幼児期の終わりまでに育ってほしい姿」は幼稚園教育要領では"ねらい及び内容にもとづく活動全体を通して資質・能力が育まれている幼児の幼稚園修了時の具体的な姿である"と述べられています（他の2文書も同様の内容が書かれています）。ここで「ねらい」と「内容」について確認しておきましょう。

　意図的・計画的に保育を行う保育者は、つねに「ねらい」をもって保育実践に取り組みます。この「ねらい」は（幼稚園教育要領では「幼稚園教育において育みたい資質・能力を幼児の生活する姿からとらえたもの」と説明されています）保育者が子どもの育ちに対して抱く"願い"のことです。例として、5領域の1つ、「環境」のねらいを見てみましょう。

> ・身近な環境に親しみ、自然と触れ合う中で様々な事象に興味や関心をもつ。
> ・身近な環境に自分から関わり、発見を楽しんだり、考えたりし，それを生活に取り入れようとする。
> ・身近な事象を見たり、考えたり、扱ったりする中で、物の性質や数量、文字などに対する感覚を豊かにする。

これら3つのねらいに共通しているのは、すべて子どもの心情や意欲や態度に関することが書かれてある、ということです。何かができる、何かを覚えるということが明確に目標として示されてはいません。では、「内容」はどうでしょう。「内容」は幼稚園教育要領では"ねらいを達成するために指導する事項"で、"幼児が環境に関わって展開する具体的な活動を通して総合的に指導されるもの"と述べられています。領域「環境」の内容の一部を抜粋するので見てください。

> ・自然に触れて生活し、その大きさ、美しさ、不思議さなどに気付く。
> ・生活の中で、様々な物に触れ、その性質や仕組みに興味や関心をもつ。
> ・日常生活の中で数量や図形などに関心をもつ。
> ・日常生活の中で簡単な標識や文字などに関心をもつ。

　これらの内容を見ると、ねらいにもとづいた子どもの姿が書かれていることがわかると同時に、一つの傾向が読み取れます。それは、子どもの姿を具体的な行動レベルで、一つ一つ細かく示していないということです。たとえば、「日常生活の中で簡単な標識や文字などに関心をもつ。」という場合、日常生活の中のどのような活動によって、簡単な標識や文字などに関心をもつか、その選択権や決定権を基本的に子どもに委ねるのが保育における内容の考え方です。標識や文字に関心をもつための具体的な遊びや活動の種類を保育者が決め、それができれば○、できなければ×という考え方ではないのです。

（2）「幼児期の終わりまでに育ってほしい姿」の理解

　ねらいと内容に関する考え方にもとづくと、「幼児期の終わりまでに育ってほしい姿」の理解がしやすくなります。ここでは「（8）数量や図形、標識や文字などへの関心・感覚」を例にあげて説明します。この項目で目指される子どもの姿は次のように説明されています。

> "遊びや生活の中で、数量や図形、標識や文字などに親しむ体験を重ねたり、標識や文字の役割に気付いたりし、自らの必要感に基づきこれらを活用し、興味や関心、感覚をもつようになる。"

　ここからわかることが二つあります。第一に、子どもが行動レベルで到達すべき姿を、具体的に提示しているのではない（文字をいくつ覚えたか、足し算ができるか等）ことがわかります。第二に、「興味や関心、感覚をもつ

ようになる。」という表現からは、5領域に示された、ねらいと考え方が近いこともわかります。つまり、子どもの心情、意欲、態度に関しての目標としての保育者の"願い"が書かれているということです。

「幼児期の終わりまでに育ってほしい姿」とは、"育ってほしい"という表現からも読み取れるように、小学校入学までに保育者が子どもたちに対してもつ"ねらい（願い）"であると理解することが必要です。「幼児期の終わりまでに育ってほしい姿」のベースとなる「幼稚園教育において育みたい資質・能力」は、保育内容の領域の枠組みで育むことができると前に述べましたが、まさにこの意味を正しく把握することが重要なのです。

(3) 3歳未満児の保育と「5領域」

ここまで「幼児期の終わりまでに育ってほしい姿」について、幼稚園教育要領に沿って説明をしてきましたが、保育所や認定こども園においても、基本的な考え方は共通です。ただし、3歳未満児の保育に関しては留意する必要があります。特に、0歳児の保育内容（乳児保育）について保育所保育指針には、以下の3つの視点が示されています。これらの視点は、"5領域"として記述されてはいませんが、子どもの発達にしたがって、将来的に5領域につながっていくものであると理解することが必要です。

○身体的発達に関する視点「健やかに伸び伸びと育つ」
○社会的発達に関する視点「身近な人と気持ちが通じ合う」
○精神的発達に関する視点「身近なものと関わり感性が育つ」

また、"5領域"として示されている、1歳以上3歳未満児の保育についても、3歳以上児の内容とは一部相違点がありますので、確認しておきましょう。

このあたりは5章と6章でも学習しましたね。

第2節　幼保こ小の接続と保育者

1. 幼保こ小接続の視点

(1) 小1プロブレム

保育の場から小学校に入学した子どもが、新しい環境に馴染めずに不適応状態になることをさして、"小1プロブレム"と呼ばれることがあります。"小1プロブレム"の要因としては、「保育所・幼稚園等と小学校とのカリキュラムの違い、家庭における教育観の多様化や教育力の低下、基本的な生活習慣の問題、塾や習い事の増加、保護者の高学歴化や学校（教師）への畏敬の

念の欠如、心と体の成長・発達の変化、新たな人間関係の形成の難しさ、発達障害児への対応ができていないなど」[1]があげられています。

（2）遊び・生活と授業

　保育の場で子どもは、保育者によって、遊びや生活を通して自ら主体的に成長、発達をしていく環境を提示されます。保育者は子どもの成長、発達をさまざまな環境（人や物や場所）を通して支えます。その環境は、子どもにとっては、自分で選び、自分で決める機会がとても多い環境です。言い換えれば、自由に行動できることが多く保障されている環境です。小学生は授業中、あらかじめ決められた時間割のもとで一定の時間、あらかじめ決められた学習内容を、教室の中のいすに座って学びます。自由に行動できる機会は、保育の場にいた時と比べて明らかに減少します。小学校入学後、子どもにとって環境は激変するといってもよいでしょう。しかし、この章の冒頭でも述べたように、年長児と小学校1年生は、発達という点では連続しており、その発達の違いはわずかなものでしかありません。だとすれば、激変する環境に対して、保育者や小学校教員が、幼保こ小接続の視点をもち、子どもの立場に立ったできる限りの工夫をすることが必要です。そうすることによって、子どもがスムーズに小学校教育に移行していくことが期待できるからです。

（3）幼保こ小接続カリキュラム

　保育の場と小学校のカリキュラムを円滑に接続するために工夫されたものとして、アプローチカリキュラムとスタートカリキュラムがあります[2]。保育の場と小学校の両者が、それぞれの立場の特性を生かして接続に向けての取り組みを行っていることがわかります。

　このアプローチカリキュラムとスタートカリキュラムは、それぞれがバラバラに内容を作成しても高い効果は期待できません。そこで文部科学省は2022（令和4）年に「幼保小の架け橋プログラムの実施に向けての手引き（初版）」を示し、両者が一体となって機能することによって接続期の教育がより充実することをめざしています。

第7章 「幼児期の終わりまでに育ってほしい姿」とつながる―小学校との接続―

```
    園    ➡   入学   ➡   小学校
```

アプローチカリキュラム	スタートカリキュラム
就学前の幼児が円滑に小学校の生活や学習へ適応できるようにするとともに、幼児期の学びが小学校の生活や学習で生かされてつながるように工夫された5歳児のカリキュラム	幼児期の育ちや学びを踏まえて、小学校の授業を中心とした学習へうまくつなげるため、小学校入学後に実施される合科的・関連的カリキュラム

出典：著者作成

ここで保育者と小学校の教員の共通言語となるのが、「幼児期の終わりまでに育ってほしい姿」です。

（4）アクティブ・ラーニング（主体的、対話的で深い学び）

　小学校における学習内容の基準となる学習指導要領では"アクティブ・ラーニング"という考え方がポイントの1つとなっています。"アクティブ・ラーニング"は、「能動的な学びのことで、学習者である子どもが主体として学び、知識を構成し、また協働的に活動し、その学んだことをその後の活動で生かし、そして学び続けること」[3]と説明されています。

　この考え方は、保育の場や保育者にとってとてもなじみやすいものかもしれません。なぜなら、遊びを中心とした学習を行う環境が保育者によって用意されている保育の場では、日々アクティブ・ラーニングが行われていると言っても過言ではないからです。

2. 保育者の視点から見た幼保こ小接続

（1）保育実践の可視化

　今後、小学校教育がアクティブ・ラーニングに重点をおいた教育、学習活動が行われていくことを考えた時、保育の場が日常的にアクティブ・ラーニングが行われる場所であり続けることが、幼保こ小の接続において鍵を握るといってもよいでしょう。だとすれば、保育の場における子どもの姿や学びについて、それが小学校側にリアルに伝わる工夫が不可欠です。なぜなら、子どもの心情、意欲、態度等から子どもの学びの実際を見取っていく保育の場では、その一つ一つの学びが必ずしも見える形で表現されるとは限らないからです。また、子どもの育ちを支える保育者の意図が、"環境に込められている"ため、その意図を外から確認することは簡単ではありません。

　そのため、子どもの姿や保育者の保育実践における意図を、保育者は意識

的に目に見える形にすることが必要になります。毎日の保育の実践記録やメモ、さまざまな指導計画などは、保育実践を可視化するうえで非常に有効です。

（2）放課後児童クラブ（学童保育）と放課後子ども教室

　幼保こ小連携は、一般的には小学校教育と保育の場の接続のことを中心に考えられていますが、小学校就学前の子どもにとって、「放課後児童クラブ」と「放課後子ども教室」もまた、重要な"接続"の場です。なぜなら、小学校は"学校教育の場"として保育の場と接続していますが、これらは、子どもの"生活の場"としてつながっていると考えられるからです。

　放課後児童クラブは、正式には放課後児童健全育成事業といい、「小学校に就学している児童であつて、その保護者が労働等により昼間家庭にいないものに、授業の終了後に児童厚生施設等の施設を利用して適切な遊び及び生活の場を与えて、その健全な育成を図る事業（児童福祉法第6条の3第2項）」です。

　放課後子ども教室は、文部科学省によれば、「放課後や週末等に小学校の余裕教室等を活用し、子どもたちの安全・安心な活動拠点（居場所）を設け、（中略）地域の子どもたちと大人の積極的な参画・交流による地域コミュニティーの充実を図る事業である」と説明されています。

　この放課後児童クラブと放課後子ども教室について国は、2014（平成26）年に「放課後子ども総合プラン」、2018（平成30）年に「新・放課後子ども総合プラン」を策定しました。これは、両者を一体化すること目指し、すべての小学校区で「放課後児童クラブ」と「放課後子ども教室」を実施し、うち1万か所以上を一体型で実施することを目標とするものです。

　放課後児童クラブや放課後子ども教室では、保育士資格や幼稚園教諭免許をもった職員が多数働いています。保育者の一つの職場となっているこれらの場所におけるプログラムの内容が、保育の場における保育内容とどのような関係であるべきなのか、その連携、接続の在り方について、今後議論を深めていくことも必要でしょう。

第7章 「幼児期の終わりまでに育ってほしい姿」とつながる―小学校との接続―

 演習課題

● 自分自身の卒園と入学を振り返ってみましょう。

ホップ　小学校に入学した時に感じた喜びあるいは不安、戸惑いについて箇条書きにしてあげてみよう。

ステップ　その不安や戸惑いの原因がどこにあったのか、周りの人と話しあってみよう。

ジャンプ　年長クラスの子どもが小学校生活にスムーズに入っていけるために、保育の場にできること、小学校にできることをそれぞれあげて、文章にまとめてみよう。

【引用文献】
1) 三浦光哉編『5歳アプローチカリキュラムと小1スタートカリキュラム』ジアース教育新社　2017年　p.12
2) 国立教育施策研究所「幼小接続期カリキュラム全国自治体調査」
http://www.nier.go.jp/youji_kyouiku_kenkyuu_center/youshou_curr.html
（参照 2017/05/04）
3) 無藤隆「優れた教師の実践から学ぶアクティブ・ラーニングの在り方」『「アクティブ・ラーニング」を考える』東洋館出版社　2016年　p.20

【参考文献】
秋田喜代美 第一日野グループ編『保幼小連携 育ちあうコミュニティづくりの挑戦』ぎょうせい　2013年
松下佳代・石井英真編『アクティブラーニングの評価』東信堂 2016年

第8章
「保育の計画」とつながる
― 教育課程・全体的な計画とカリキュラム・マネジメント ―

エクササイズ 　　自由にイメージしてみてください

子どもをどの園に入園させようか迷っている保護者がいます。あなたは、自分の園のことを説明し、保護者に「入りたい」と思ってもらうためには、どうしたらよいと思いますか？

第8章 「保育の計画」とつながる―教育課程・全体的な計画とカリキュラム・マネジメント―

この章のまとめ！

学びのロードマップ

- 第1節　なぜ保育に計画が大切なのかを考え、保育の計画の種類を学びます。
- 第2節　PDCAサイクルや省察により保育の質を高めていくことを学びます。
- 第3節　園全体でカリキュラム・マネジメントを大切にしていくことを学びます。

この章の なるほど キーワード

■「**カリキュラム・マネジメント**」…育てたい子どもの姿を目指して、どのような保育の計画を作り、どのように実施・評価し、改善していくかを全職員の協力のもとで、組織的かつ計画的に考え、行います。

みんなでいっしょに！というところがポイントですね。

第1節　保育における計画とは

　保育は、子どもの成長・発達を保障するために、子どもの入園から卒園（修了）までを見通して、意図的・計画的に行うことが大切です。保育者は、計画することで事前に保育の用意を整え、自信をもって保育に臨むことができます。もちろん、実際に保育を進めると計画通りにいかないことが起こり、その場で柔軟に対応することが求められます。しかし、計画をしっかり立てていれば、状況を冷静に判断し、慌てることなく対応することができます。また、計画に縛られるのではなく、子どもの反応をよく見て、子どもの思いや実態に添った指導を行うことがもっとも大切であることは言うまでもありません。保育の計画は、子どものためだけでなく、保育者自身のためにも大切なものなのです。

1. 教育課程・全体的な計画

　幼稚園・保育所・認定こども園は、入園から卒園（修了）までの在園期間において、いつ何を行い、子どもの成長・発達をどのように促していくのかについて、園ごとに保育の全体計画を作成します。これを「教育課程（幼稚園）」、「全体的な計画（保育所）」[*1]、「教育及び保育の内容並びに子育ての支援等に関する全体的な計画（幼保連携型認定こども園）」と言います。教育課程等はカリキュラムとも言い、幼稚園教育要領や保育所保育指針などの関係法令等を踏まえて、園の特徴や預かっている子どもたちの発達の特徴、地域の実態などに合わせ、園の保育の目標やねらいに向けてどのような道筋で保育を行うかを組織的・計画的に組み立てたものです。

[*1] 平成20年の保育所保育指針では「保育課程」と呼ばれていました。

表8−1　主な保育施設の保育の全体計画

施設	幼稚園	保育所	幼保連携型認定こども園
計画の核	教育課程	全体的な計画	教育及び保育の内容並びに子育ての支援等に関する全体的な計画
定めるべき内容	「教育課程に係る教育時間の終了後等に行う教育活動の計画、学校保健計画、学校安全計画などとを関連させ、一体的に教育活動が展開されるよう全体的な計画を作成する」（幼稚園教育要領　第1章 総則）	「保育所保育の全体像を包括的に示すものとし、これに基づく指導計画、保健計画、食育計画等を通じて、各保育所が創意工夫して保育できるよう、作成されなければならない」（保育所保育指針　第1章 総則）	「教育と保育を一体的に提供するため、創意工夫を生かし、園児の心身の発達と幼保連携型認定こども園、家庭及び地域の実態に即応した適切な教育及び保育の内容並びに子育ての支援等に関する全体的な計画を作成するものとする」（幼保連携型認定こども園教育・保育要領　第1章 総則）

出典：筆者作成

2. 指導計画

　教育課程等の全体計画だけでは、いつ、子どもに何を育てたいというねらいを設定し、どのような活動を展開するのか、見通しをもった具体的な保育展開は困難です。それぞれの時期ごとに子どもの発達の様子を把握し、ねらい・内容・活動方法・環境構成・保育者の援助等について具体的に記した計画が必要となります。これを「指導計画」といいます。
　幼稚園教育要領には、幼稚園における指導計画の考え方について次のように書かれています。

幼稚園教育要領

第1章 総則　第4 指導計画の作成と幼児理解に基づいた評価　1 指導計画の考え方
　幼稚園教育は、幼児が自ら意欲をもって環境と関わることによりつくり出される具体的な活動を通して、その目標の達成を図るものである。幼稚園においてはこのことを踏まえ、幼児期にふさわしい生活が展開され、適切な指導が行われるよう、それぞれの幼稚園の教育課程に基づき、調和のとれた組織的、発展的な指導計画を作成し、幼児の活動に沿った柔軟な指導を行わなければならない。

　保育所保育指針には、保育所における指導計画の考え方について次のように書かれています。

保育所保育指針

第1章 総則　3 保育の計画及び評価　(2) 指導計画の作成
ア　保育所は、全体的な計画に基づき、具体的な保育が適切に展開されるよう、子どもの生活や発達を見通した長期的な指導計画と、それに関連しながら、より具体的な子どもの日々の生活に即した短期的な指導計画を作成しなければならない。

　指導計画を作成する上で大切な点は、次の3つです。
　　①子どもの生活や発達を考慮して作成する。
　　②育ちの見通しをもった計画を作成する。
　　③さまざまな活動が調和するような内容のものを組織的・発展的に作成する。
　指導計画には、園生活を長期的に見通して作成する「長期の指導計画」と、

長期の指導計画をもとに、個々の子どもの発達の課題や興味・関心、季節の行事等を踏まえて作成する「短期の指導計画」とがあります。

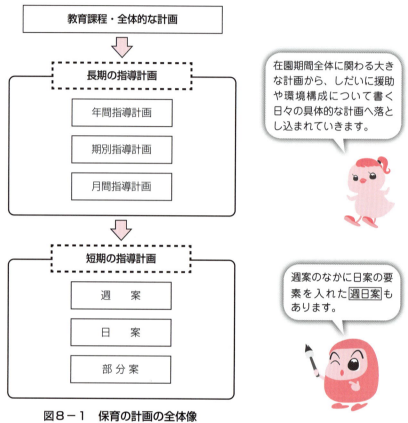

図8-1　保育の計画の全体像

出典：筆者作成

3.「長期の指導計画」と「短期の指導計画」

長期の指導計画には、「年間指導計画」「期別指導計画」「月間指導計画」があります。

長期の指導計画	年間指導計画	・4月から翌年3月までの1年間の生活を見通して作成します。
	期別指導計画	・1年間を育ちの節目ごとに3～4期に区切り、その区切り（期）ごとの＜子どもの実態＞＜成長・発達の見通し＞＜地域や家庭との連携＞＜行事等＞の項目に分けて作成します。
	月間指導計画	・期の育ちを見通しつつ、1か月ごとに＜子どもの実態＞＜育てたいこと・経験してほしいこと（ねらい）＞＜季節や園の行事等＞を考えて作成します。

短期の指導計画には、「週案」「日案」（p.110～111参照）「部分案」があります。

第8章 「保育の計画」とつながる―教育課程・全体的な計画とカリキュラム・マネジメント―

短期の指導計画	週案	・「月間指導計画」のねらいや活動内容に基づき、1週間ごとの＜子どもの生活や遊びの様子＞＜気象天候＞などに配慮して作成します。 ・「週案」は子どもの実態把握がしやすく保育の展開の見通しがもちやすいため、一人一人の子どもの様子に目を向けながら、＜具体的な指導・援助の方法＞や＜個々の子どもへの配慮点＞などを書きます。
	日案	・「週案」を踏まえて、その日1日で大切にしたい保育のポイントを明確にして書きます。 ・＜ねらい＞＜内容・本日の主活動＞＜予想される子どもの活動・姿＞＜環境構成＞＜保育者の指導・援助＞等の項目を設けて、経験してほしいことに子どもが楽しく取り組めるようにするための方法や指導の手立てを具体的に書きます。
	部分案	・実習や研究保育等の際に、「週案」や「日案」に基づいて、指定された時間帯に行う予定の主な活動について、＜予想される子どもの姿＞＜環境構成＞＜保育者の指導・援助＞などを書きます。 ・個々の子どもの様子をできるだけ具体的に思い浮かべながら、活動の導入・切り上げの方法や、個々の事例への対応方法を考え、具体的に書きます。

　これらの短期の指導計画の作成にあたっては、幼稚園教育要領の第1章総則に、「特に、週、日などの短期の指導計画については、幼児の生活のリズムに配慮し、幼児の意識や興味の連続性のある活動が相互に関連して幼稚園生活の自然な流れの中に組み込まれるようにすること」と書かれています。まず子どもの実態をよく把握し、子どもの興味・関心に添う活動を配置して、園生活の流れのなかで子どもが自ら楽しみながら自然に必要な体験ができるように配慮して作成することが重要です。

4. 指導計画作成の方法

　指導計画は、教育課程等に基づいた保育実践のための計画案ですから、＜子どもの実態＞＜ねらい＞＜活動の内容＞＜環境構成＞＜指導援助の配慮点＞＜家庭や地域との連携＞などについて具体的に考えて作成します。
　しかし、実際に保育を行うと計画通りに進まない事態はよく起こります。保育者は、計画にこだわって子どもの実態や気持ちに添わない保育を無理に進めることがないように留意して、計画の修正・変更を柔軟に行うことも忘れてはなりません。事前によく考え抜いた計画を作成しておけば、実践中に計画通り進められていない点をすぐに発見でき、解決方法を即座に考えて修正・変更することも容易にできます。よりよい保育実践のためにはよい計画を作成することがとても大切なのです。

ふりかえりメモ：

表8-2　日案の例（幼保連携型認定こども園）

5歳児・10月　指導案

○子どもの姿　☆環境の構成　◎保育者の援助

日のねらい・自分のイメージを身近な素材や用具を使って表現する楽しさを味わう。
・友だちと思いや考えを伝え合いながら遊ぶ楽しさを感じる。

時刻	子どもの活動
7:00〜	○随時登園する ・挨拶をする ・身支度をする
8:00	○好きな遊びをする ・保育室や園庭、遊戯室で好きな遊びをする ＜保育室＞ ・人形遊び　・ドングリランド ・ものづくり　など ＜園庭＞（雨天時は保育室で遊ぶ） ・ドッジボール　・鬼遊び　など ＜遊戯室＞ ・ごっこ遊び ・乗り物づくり　など
10:20	・遊びの後片付けをする ・手洗い、うがいをする ・トイレに行く ・保育室に集まる
10:40	○クラスの活動をする ・季節の歌を歌って全員が揃うのを待つ ・保育者と遊びの話をする ・童話の読み聞かせを聴く
11:20	○昼食をとる ・昼食の準備をし、食事を始める ・食べ終えた子からおしぼり等を片付ける ・歯磨きをし、パジャマに着替える
12:30	○午睡をする ・1号認定児は遊戯室で遊ぶ
14:00	○降園する（1号認定児）
14:45	○起床 ・起きた子から着替えをする
15:00	○おやつを食べる ・食べ終えた子から身支度する ・好きな遊びをする
18:00	○随時降園する ・延長保育
19:00	○降園する
●評価	・自分のイメージに合った素材や用具を、選んで使おうとしていたか。自分 ・友だちと思いや考えを伝え合いながら遊ぶことを楽しんでいたか。

〈環境図〉保育室

（テラス・ままごと・机・ピアノ・ものづくりコーナー・廊下・②ドングリランド・机・ワゴン・出入口・①人形遊び・机・机・机・③ものづくり・水道・ロッカー）

〈保育室〉

①人形遊び
○クラスでペットボトル人形をつくり、自分なりに人形の身につけるものをつくったり、飾ったりすることを楽しむ。
○数人の友だちと人形の家をつくり、ごっこ遊びをする。自分の考えたことを友だちに伝え、必要なものを一緒につくろうとする。
☆布やモール、ビーズなどさまざまな素材を自由に使えるよう用意する。
☆ペットボトル人形はロッカーの上に飾る場所を設定し、刺激を受けて自分の表現に取り入れたり、子ども同士が良さに気づいたりできるようにする。
◎子ども同士で思いを伝え合いながら取り組む姿を見守り、考えたことを認めたり、一緒におもしろがったりする。

③ものづくり
○さまざまな素材や用具を使って、自分なりに考えたものや遊びに必要なものをつくる。友だちとつくり方を教え合ったり、共に考えたりする。
☆さまざまな素材や用具の中からイメージに合ったものを選んで使えるよう、豊富にものづくりコーナーに設定する。
◎一人一人のつくったものを認めたり、話を聞いたり、つくった喜びやできた満足感に共感する。
◎つくりたい思いはあるが、一人では実現が難しい子どもには、イメージを聞き取ってつくり方を提案したり、友だちに相談してみるよう促したりする。

第8章 「保育の計画」とつながる─教育課程・全体的な計画とカリキュラム・マネジメント─

担任 ○ ○ ○ ○

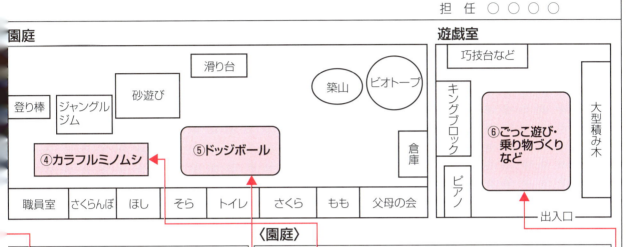

〈園庭〉

②ドングリランド
○ドングリや木の枝など、園庭や近隣の公園で集めてきた身近な自然素材や布などを使って、ドングリの家や飾りをつくる。
○新しく使うことができるようになったグルーガン（接着剤の工具）に関心をもつ子どもが多い。一方で、扱い方に慣れていない姿もある。
☆自然素材を種類ごとに表示をつけて設定し、選んで使えるようにする。
☆落ち着いてグルーガンが扱えるよう、コーナーを設定する。
☆楽しいイメージをもち、互いにつくったものを見合えるよう「ドングリランド」と看板をつけて飾る場を設定する。
◎一人一人の表現を認めたり、話を聞いたりし、楽しんでいることに共感する。

④カラフルミノムシ
○木の枝にモールや毛糸を巻きつけたり、ドングリや落ち葉をつけたりして自分なりのミノムシをつくる。
☆興味をもって取り組めるよう、園庭にコーナーを設定する。保育者や子どもがつくったものを側に吊るして飾ることで、刺激となるようにする。
☆関心をもった子どもがすぐ取り組めるよう、必要な素材や用具（ハサミ、セロハンテープなど）を園庭に用意する。
◎自然に関心がもてるように、子どもと共に園庭で素材を探し、集めた素材を使ってつくることに期待がもてるよう言葉をかける。

⑤ドッジボール
○声をかけあって仲間を集め、友だちとボール投げたり、避けたりすることを楽しむ。子ども同士でルールを伝え合おうとするが、相手によっては言えずに戸惑う姿もある。
◎自分たちで進めようとする姿を見守り、困った場面では、参加している子ども全員で、どのようにすればよいのかを考えられるよう言葉をかける。

〈遊戯室〉

⑥ごっこ遊び・乗り物づくりなど
○大型積み木やキングブロックを使って遊びに必要な場をつくったり、用具を用意したりする。友だちと考えを伝え合いながらつくろうとするが、言葉が足りない、仲間の人数が増え友だちに伝わりきらないなどで、思いがすれ違うこともある。
☆大型積み木やキングブロックは形や大きさごとに分け、子どもが選んで使えるようにする。
◎子ども同士のやり取りを見守り、必要に応じて相手に気づかせたり、仲間に確認するよう促したり、考えを伝え合いながら遊びが進められるようにする。

なりに表現することを楽しんでいたか。

指導計画を作成する際に留意すること

①一人一人の子どもに目を向け、実態を把握する。
②一人一人の子どもに育てたいこと・ねらいを明確にする。
③子どもの興味・関心に添う内容を工夫する。
④環境を通して子どもが自ら学ぶように導く。
⑤生活や遊びの流れに配慮し、子どもが無理なく心地よく取り組めるようにする。

5. 一人一人を大切にする保育のために

エピソード (1) 「アキちゃんも一緒にやろう！」

　ダウン症のアキちゃんは、いつもニコニコして名前を呼ばれると「あい！」と元気に返事をし、友だちに駆け寄っていきます。運動会が近づいてきたある日、かけっこの練習をしているとアキちゃんが下を向いて砂いじりをし、しょんぼりした表情です。アキちゃんは、走ることは嫌いではないですが、どうしてもみんなと同じようには走れず、ゴール間際では歩いているのと変わりないスピードになってしまうのです。トオルくんがアキちゃんに近づいて「アキちゃん、今度ぼくと一緒に走ろうよ。ぼくの真似をすれば速くなるよ」と誘っています。アキちゃんは顔をあげて「あい！」と元気に返事をし、トオルくんの後を追って走り始めました。

　トオルくんはできる・できないで友だちを評価するのではなく、アキちゃんと一緒にする楽しさを分かち合おうとしています。このように、相手を思いやる子どもを育てていくためには、一人一人に必要なサポートを保障して保育を実践し、障害のある子にもきちんと居場所をつくり、周囲の子どもたちが自分のできることを友だちのためにしてあげることが自然になるように、保育者が援助を重ねていくことが必要です。
　この理念を実践していくのが「インクルーシブ教育・保育」です。保育者は一人一人の子どもの特性・個性を認める、つまり障害のある子どもも障害によって特別扱いしたり活動から排除したりするのではなく、はじめから自分のクラスに存在する当たり前の一人として受け入れて保育を行うということです。保育の計画を作成する時から、障害のある子どもの特性を考慮し、

第8章 「保育の計画」とつながる―教育課程・全体的な計画とカリキュラム・マネジメント―

その子どももクラスの一員としてともに生活や遊びを楽しめるように、そして園生活を通してその子なりの育ちが保障されるように考えていくことが重要です。そうした保育者の取り組みによって、子どもたちは互いに先入観なくありのままに相手を受け入れ、生活をともにするようになります。

担任一人で担うのではなく、園全体としてインクルーシブ教育・保育の考え方を共有し、教職員が協力・協働して保育の計画を作成してサポートし合い、保育を進めることが求められます。

> **注目ワード　インクルージョン**
>
> 障害の有無や能力に関わらず、すべての人が等しく社会に包み込まれ、一人一人に必要なサポートが保障され、自立と社会参加ができる状態を目指すのが「インクルージョン」（包み込むという意味）です。障害だけにとどまらず、あらゆる差別の解消を目指しています。これを保育・教育にあてはめたのが、インクルーシブ保育・教育です。1994年の「サラマンカ声明」において新しい理念として提唱され、2006年に国際連合で採択された「障害者の権利に関する条約」で取り上げられるなど、大切なキーワードになっています。

第2節　保育におけるPDCAサイクル

1. PDCAサイクルとは

保育の質を高める努力は、新任の時だけでなく、保育者として経験を重ねても常に求められることです。保育の質をよりよくするためには、毎日の保育をやりっぱなしにしたり、「よかった」「だめだった」という感覚的な感想で終わりにしてしまったりしてはうまくいきません。計画する、実践する、評価・反省する、改善点を考え新たな計画を作成する、といった一連の流れを作り、冷静かつ客観的な視点で自分の保育を見直す姿勢が大切です。

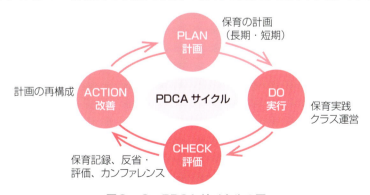

図8-2　PDCAサイクルの図

出典：三宅茂夫編『新・保育原理　―すばらしき保育の世界へ―　第3版』みらい　2016年　p.120

図8-2のように、P（Plan＝計画）－D（Do＝実践）－C（Check＝評価・反省）－A（Action＝改善）という流れを繰り返しながら、初めは達成できなかったねらいを、次には達成するために別の保育内容や方法を工夫するといった手順で保育内容の向上を目指していきます。

2. PDCAサイクルの重要性と保育記録の活用

　保育は、保育者と子どもがともに作りだすものです。保育者があらかじめ立てた計画通りに一方的に保育を進めるのではなく、子どもたちの反応を見ながら、必要に応じて計画を変更したり、見落としていたことを加えたりしていくことが大切です。保育の主役は子どもであり「子どもに何を育てたいのか」「この活動で何が育ったのか」を見極めながら、一人一人の子どもの成長を保障するために行うことを忘れてはなりません。

　PDCAサイクルで保育を見直し、一人一人の子どもについて育った点、まだ育ちがよく見られない点を明らかにするとともに、保育者自身についても保育の進め方が適切であった点、うまく進められなかったので次回は修正する必要がある点などを明らかにします。そうした見直し（省察[*2]）を行うためには、保育実践を評価・反省するポイントを決めて客観的視点から行うことが有効です。

　また、保育記録を取ることで評価・反省が適切にできるようになります。保育記録は、保育中に気づいたことを保育後に書き留めておくことはもちろんですが、保育後にさまざまな場面を思いだしながらエピソード記録を書いてみると、保育中には気づかなかった子どものつぶやきや表情の意味に思い至ることがあります。こうして「なぜ、あの子はあんなことをしたのだろう」「何をしたかったのだろう」「どのような気持ちだったのだろう」と子どもの心情を考えることで、目に見える育ち（成果）だけでなく、見えない心の動きを推察し、より子どもの思いに沿った保育を展開するきっかけをつかむことができるのです。

[*2] 省察とは、自分自身をかえりみて、そのよしあしを考えることです。「うまくいかなかった」「だめだった」とネガティブに振り返るのではなく、達成できたことや保育中に観られた子どもの成長なども取り上げて、よかった点と不足していた点とを客観的に整理します。

> **考えてみよう！**
> 次のエピソードを読んで当事者になったつもりで振り返りの練習をしてみましょう。トモコ先生とサトコ先生の対応の違いは何でしょう。考えてみましょう。

第8章 「保育の計画」とつながる―教育課程・全体的な計画とカリキュラム・マネジメント―

エピソード (2) 「ぼくも使いたかった！」

「先生、大変。シゲくんとショウくんがけんかしてる」という声で慌てて駆けつけると、2人が大きな声で言い争っています。
「ぼくが使ってるからだめ」
「シゲくんばっかりずるい」
「早く来ればよかったのに遅いから悪いんだよ」
　すると、ショウくんがいきなりシゲくんのお腹をたたきました。シゲくんもすかさずショウくんの肩を押しのけます。
「待って。ぶったり押したりしたらだめでしょ」
　担任のトモコ先生が言っても、言うことを聞かず2人はますます激しくたたき合ったり蹴り合ったりし始めました。通りかかったサトコ先生が2人を引き離して「どうしてけんかになってしまったの？」と声を掛けると、シゲくんは「僕は何もしないのにショウくんがぶってきた」と言いました。サトコ先生はショウくんに「ぶったのにはきっとわけがあると思うから先生に教えて」と言うと、ショウくんは「だって、ぼくもほしかった」と答え、泣きだしました。

第3節　保育における　カリキュラム・マネジメント

1. カリキュラム・マネジメントとは

幼保連携型認定こども園教育・保育要領には次のように書かれています。

幼保連携型認定こども園教育・保育要領

第1章　総則
　第2　教育及び保育の内容並びに子育ての支援等に関する全体的な計画等
　　1　教育及び保育の内容並びに子育ての支援等に関する全体的な計画の作成等
　　　(4)　教育及び保育の内容並びに子育ての支援等に関する全体的な計画の実施上の留意事項

各幼保連携型認定こども園においては、園長の方針の下に、園務分掌に基づき保育教諭等職員が適切に役割を分担しつつ、相互に連携しながら、教育及び保育の内容並びに子育ての支援等に関する全体的な計画や指導の

> 改善を図るものとする。また、各幼保連携型認定こども園が行う教育及び保育等に係る評価については、教育及び保育の内容並びに子育ての支援等に関する全体的な計画の作成、実施、改善が教育及び保育活動や園運営の中核となることを踏まえ、カリキュラム・マネジメントと関連付けながら実施するよう留意するものとする。

　個々の保育者がPDCAサイクルによって自らの保育を見直し改善を図っていくことはもちろんのこと、園全体としても組織的・計画的によりよい保育実践を目指して取り組み続けていくことが求められているのです。

　カリキュラム・マネジメント[*3]は、園長の号令のもと教職員全員で取り組み、園の教育課程等がどの程度実現できたのか、また実現できていない点については今後どのように対策していくかを定期的にチェックする、という方法で実施されることが多いと思います。しかし、これを効果的な取り組みにするポイントは、一人一人の保育者が日頃から自ら立案したカリキュラム（保育の計画）について評価・反省・改善をしていこうと意識していること、つまり不断の取り組みの積み重ねが重要です。また、教職員打ち合わせや園内研修等の機会に、具体的な保育の場面を取り上げて教職員みなで評価・反省と今後の手立てを協議することで、保育についての園内の共通理解が深まり、カリキュラム・マネジメントが実践的に進められます。

2. 保育の振り返りに役立つ記録

　カリキュラム・マネジメントを行うためにも、日々の保育の記録を取り、定期的にその記録を見直すことで、保育実践の成果を子どもの成長・変化から的確に読み取ることが大切です。

　記録は、いつ・どこで・誰が・どのようなことをしたという内容をかいつまんでまとめたエピソード記録のほかにも、環境図を描き、そこで展開される遊びの様子を記入する環境図記録などがあります。また、週案や日案などの評価・反省欄にその日の保育を振り返って気づいたことをまとめておくと、しばらく経って読み返してみた時に子どもの成長・変化が見て取れたり、保育者の指導・援助の手立てがいつも同じで創意工夫が足りないことに気づいたりします。これも大切な保育記録です。そのほかにも、ビデオで保育の様子を撮影し、後日それを見ながら紙に書き取ったり協議したりするビデオ記録などの方法もあります。記録を取るというと負担に感じてしまうことがあるかもしれませんが、1～2行のメモでもよいので、毎日のPDCAサイクルの一環として保育後の記録を書くことを習慣づけていくとよいでしょう。

[*3] カリキュラム・マネジメント
園の全体的な計画等に基づき、全保育者の協力体制の下、組織的・計画的に教育及び保育の活動の質の向上を図ることです。

第8章 「保育の計画」とつながる ―教育課程・全体的な計画とカリキュラム・マネジメント―

 演習課題

● 保育の計画の意義と、評価・反省・改善への道筋を整理してみましょう。

ホップ 113ページの図8-2の「PDCAサイクルの図」に、保育のそれぞれの段階（計画、実行、評価、改善）ではより具体的にどのような作業をしたらよいか、あなたの考えを書いてみましょう。

　　　　　　　　　　　　　　　　　　　　　　　　　　　　　　　　　　
　　　　　　　　　　　　　　　　　　　　　　　　　　　　　　　　　　

ステップ ホップで書いた内容を友だちに説明したり、友だちの考えを聞いたりしてみましょう。

　　　　　　　　　　　　　　　　　　　　　　　　　　　　　　　　　　
　　　　　　　　　　　　　　　　　　　　　　　　　　　　　　　　　　

ジャンプ 友だちからの意見も参考にしながら、改めてホップで書いた図にそれぞれの段階で行うことを具体的に書き加えてみましょう。

　　　　　　　　　　　　　　　　　　　　　　　　　　　　　　　　　　
　　　　　　　　　　　　　　　　　　　　　　　　　　　　　　　　　　

【参考文献】
文部科学省「幼稚園教育要領」2017年
厚生労働省「保育所保育指針」2017年
内閣府・文部科学省・厚生労働省「幼保連携型認定こども園教育・保育要領」2017年

第9章
「保育の専門家への道」とつながる
― これからの保育者論 ―

 エクササイズ　　自由にイメージしてみてください

あなたの強みと弱みを教えてください。また、将来働きはじめたときに強みをどのように生かしたいと思いますか？また、自分の弱みが仕事にどのような影響を及ぼすと思いますか？

第9章 「保育の専門家への道」とつながる ─これからの保育者論─

この章のまとめ！

学びのロードマップ

- 第1節　保育者に求められる「専門性」（＝プロであるために必要なこと）とは何かを考えます。
- 第2節　保育者としてのキャリアアップと保育の質の向上のための取り組みを学びます。
- 第3節　これからの保育者に求められる研修の必要性と「レジリエンス」について説明します。

この章の なるほど キーワード

■ **「保育者としてのキャリアアップ」**…学生のうちだけでなく、保育者は就職した後も学び続けることが大切です。「キャリアアップ」の道筋であるキャリアパスを見すえた研修が求められています。

学生生活は保育との長〜いおつきあいの始まりです。

第1節　保育者に求められる専門性

1. 保育者の専門性とは

　子どもが好きなだけでは保育者の仕事はできないといわれます。では、どのような専門性が求められるのでしょうか。ある新人保育者は次のように語っています。「遊びの際の子どもたちの笑顔や真剣な眼差しにふれると、この仕事にやりがいを感じます。しかし、学生時代の実習からある程度保育者の忙しさは予想していましたが、実際に仕事に就いてみると、準備や計画、記録とやることが本当に多く、常に日々の仕事に追われています。もっと子どもたちのためにしたいことがあるのに、できていない自分が悔しくなります」。保育職の理想と現実のギャップが伝わってきますが、"子どもたちのためにできていない自分が悔しい"という言葉には前向きな姿勢が感じられます。この章では、保育者の専門性とは何か、さらには、どのようにして保育の専門家として成長するのか、その成長プロセスを考えます。

　保育所保育指針の「第1章　総則」では保育士の専門性について次のように記されています。

保育所保育指針
第1章 総則　1 保育所保育に関する基本原則　（1）保育所の役割
エ　保育所における保育士は、児童福祉法第18条の4の規定を踏まえ、保育所の役割及び機能が適切に発揮されるように、倫理観に裏付けられた専門的知識、技術及び判断をもって、子どもを保育するとともに、子どもの保護者に対する保育に関する指導を行うものであり、その職責を遂行するための専門性の向上に絶えず努めなければならない。

　もう少し具体的に述べますと、保育者に求められる専門性と保育実践との関係は図9－1のようになります。

　まず専門的知識や技術として考えられるのが、図の中心に記した「一人一人の子どもの育ちの理解」「食生活や衣生活、健康などの生活を支援する力」「保育の環境構成や遊びを豊かに展開する力」「子育てを支援する力」です。このように専門性の中核をなす知識や技術は多岐にわたっており、さまざまな領域・分野の力を身につける必要があるといえます。

　さらにいわゆる専門性を支える土台として「保育に向かう心構え・態度」として、「保育職につく使命感や倫理観」「社会性・コミュニケーション力」「保育職のやりがいや困難をのりこえる力」などをあげることができます。長年

第9章 「保育の専門家への道」とつながる―これからの保育者論―

日本の保育に尽力した津守真氏は、「保育の専門職とは、他者を育てることを自らの人生の課題として負うことを選択した者のことである」と述べています[1]。保育者としての心構えを述べた言葉といえます。さまざまな知識や技術を学ぶと同時に、保育に向かう心構え・態度を自覚することも専門性を身につけるうえで非常に大切です。

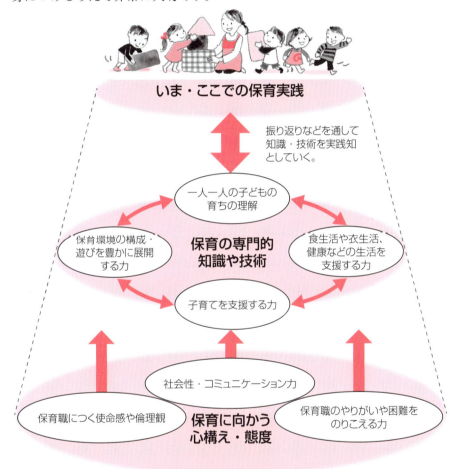

目に見えない土台が大事です！

図9－1　保育者に求められる専門性と保育実践との関係

出典：著者作成

2. 専門性向上の基本となる「持続性」と「関係性」

保育者の専門性向上に関するキーワードとして「持続性」と「関係性」があげられます。なぜ、これらのことが大切なのでしょうか。

(1)「持続性」

持続性とは、学び続けることです。保育者は養成校を卒業しても学び続け

る必要があります。ベテランといわれる保育者も日々学び続けています。それは保育という営みが、マニュアルに書かれているような決まった内容を繰り返し行う仕事ではなく、子どものより良い生活のために、状況に応じて"いま・ここで・新しく"、判断を求められる仕事だからです。つまり、子どもの言葉や行動の意味、子ども同士の人間関係などを感じ取る洞察力や感性を磨き続けることが大切といえるのです。

　では、どのように持続的に学べばよいのでしょうか。一つの答えとして、「振り返り」の重要性をあげることができます。近年、保育者の専門性を特徴づけるモデルとして「反省的実践家」（ショーン（Schön,D.））という考え方が紹介されています[2)]。すなわち、保育者が状況に応じた柔軟な関わりを行うには、図9−1の「保育実践」と「専門的知識や技術」との関係で示したように、記録や話し合いによる振り返りを積み重ね、さまざまな状況に対応できる実践知を身につけていく反省的実践家となることが求められるのです[*1]。

（2）「関係性」

　「関係性」とは、他者にひらかれた自分のあり方や学び合いを大切にする姿勢といえます。人は一人では成長できません。たとえば、保育者同士の話し合いを通して、自分の考えを整理したり、複数の意見から新たなかかわり方や課題を発見できることがあります。また、子どもの何気ない言葉や行動から、はっと気づかされることもあるはずです。専門性を高めるためには、人とのかかわりのなかで自らを表現し、他者の意見を謙虚に聞く態度や姿勢が求められるのです。このように考えると、学生時代から学校だけの人間関係だけではなく、年齢や性別、価値観や興味・関心が異なる多様な人々とのかかわりを経験し、失敗や成功の経験を積み上げることが重要といえます。

3. 求められる倫理観とは

　保育所保育指針では、保育士は倫理観に裏づけられた専門的知識、技術及び判断をもつことが求められています。では、どのような倫理観が求められるのでしょうか。保育者に求められる倫理観とは、第一に子どもの最善の利益を守ることといえます。つまり、1989年に国際連合が採択した「子どもの権利条約（児童の権利に関する条約）」で定められている「生きる権利」「育つ権利」「守られる権利」「参加する権利」[*2]といった子どもの権利を守ることが求められるのです。以下に具体的な保育者に求められる倫理観の例として、全国保育士会が2003（平成15）年に定めた「全国保育士会倫理綱領」を紹介します。

[*1] ドナルド・ショーンは、刻々と複雑に変化する状況を感じ取り、その時々の課題を状況と対話しながら即興的、柔軟に対応していく過程を「行為の中の省察」（Reflection in action）と呼び、反省的実践家の中核としています。

[*2] 「生きる権利」とは病気やけがをしたら治療を受けられることなど。「育つ権利」とは教育を受け、休んだり遊んだりできることなど。考えや信じることの自由が守られ、自分らしく育つことができることなど。「守られる権利」とは、あらゆる種類の虐待から守られたり、障害の有無などで不利益を受けないことなど。「参加する権利」とは、自由に意見を表したり、集まってグループをつくったり、自由な活動を行ったりできることなど。（ユニセフ『子どもの権利条約』https://www.unicef.or.jp/crc/. 一部改変）

第9章「保育の専門家への道」とつながる―これからの保育者論―

全国保育士会倫理綱領

　すべての子どもは、豊かな愛情のなかで心身ともに健やかに育てられ、自ら伸びていく無限の可能性を持っています。
　私たちは、子どもが現在（いま）を幸せに生活し、未来（あす）を生きる力を育てる保育の仕事に誇りと責任をもって、自らの人間性と専門性の向上に努め、一人ひとりの子どもを心から尊重し、次のことを行います。

　　私たちは、子どもの育ちを支えます。
　　私たちは、保護者の子育てを支えます。
　　私たちは、子どもと子育てにやさしい社会をつくります。

（子どもの最善の利益の尊重）
1．私たちは、一人ひとりの子どもの最善の利益を第一に考え、保育を通してその福祉を積極的に増進するよう努めます。

（子どもの発達保障）
2．私たちは、養護と教育が一体となった保育を通して、一人ひとりの子どもが心身ともに健康、安全で情緒の安定した生活ができる環境を用意し、生きる喜びと力を育むことを基本として、その健やかな育ちを支えます。

（保護者との協力）
3．私たちは、子どもと保護者のおかれた状況や意向を受けとめ、保護者とより良い協力関係を築きながら、子どもの育ちや子育てを支えます。

（プライバシーの保護）
4．私たちは、一人ひとりのプライバシーを保護するため、保育を通して知り得た個人の情報や秘密を守ります。

（チームワークと自己評価）
5．私たちは、職場におけるチームワークや、関係する他の専門機関との連携を大切にします。また、自らの行う保育について、常に子どもの視点に立って自己評価を行い、保育の質の向上を図ります。

（利用者の代弁）
6．私たちは、日々の保育や子育て支援の活動を通して子どものニーズを受けとめ、子どもの立場に立ってそれを代弁します。また、子育てをしているすべての保護者のニーズを受けとめ、それを代弁していくことも重要な役割と考え、行動します。

（地域の子育て支援）
7．私たちは、地域の人々や関係機関とともに子育てを支援し、そのネットワークにより、地域で子どもを育てる環境づくりに努めます。

（専門職としての責務）
8．私たちは、研修や自己研鑽を通して、常に自らの人間性と専門性の向上に努め、専門職としての責務を果たします。

社会福祉法人 全国社会福祉協議会
全国保育協議会
全国保育士会

出典：柏女霊峰監修、全国保育士会編『改訂版全国保育士会倫理綱領ガイドブック』全国社会福祉協議会 2009年　p.7

第2節 保育者のキャリアパスの明確化と保育の質向上のために

1. 保育者のキャリアパス

*3
ここでいう職位とは園長や副園長、主任、リーダー保育士などを意味します。

キャリアパスとは、どのような職位[*3]があるのか、その職位になるためにはどのような資格や研修が必要か、その職位につくと給与等の待遇はどう変わるか、といった道筋を示すものです。以前から保育者は、このキャリアパスが明確になっていないことが問題でした。保育者にはさまざまな課題に対処する専門性の向上が求められ、2017（平成29）年に保育士等のキャリアアップの仕組みとして、図9－2に示したようなキャリアの明確化とそれに合わせた研修体系が創設されました。

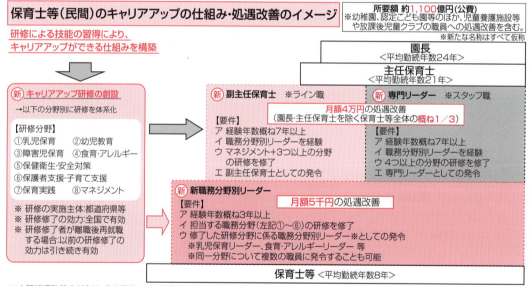

図9－2　保育士等（民間）のキャリアアップの仕組み・処遇改善のイメージ

出典：厚生労働省厚生労働省雇用均等・児童家庭局保育課『保育士のキャリアアップの仕組みの構築と処遇改善について』2017年

第9章「保育の専門家への道」とつながる―これからの保育者論―

2. 保育の質向上のための取り組み

　保育者としてのキャリアアップには、成長段階を踏まえたしくみを考えることが欠かせません。新卒の段階と熟練の段階では求められる課題が異なっているからです（図9-3）。また、保育者としての成長は、保育者アイデンティティの「形成（構築）→確立→揺らぎ（悩み）→再形成（再構築）」を繰り返すといわれています[3]。つまり、悩みながら成長していくといえるのです。そして、それぞれの段階には乗り越えるべき課題が存在しています。次の（1）～（3）の取り組みは、各段階で顕在化する課題をいかに乗り越え、保育の質を向上させるのかについて述べています。

（1）理想と現実とのギャップへの取り組み

　初めて保育者として就職した新卒期や新人期では、どのような人でもある程度理想と現実とのギャップでショックを受けることが知られています。これはリアリティ・ショック[*4]といわれ、近年、保育領域でも研究がなされています[4]。リアリティ・ショックとして考えられるのは次の内容です。

> ①「子ども理解と保育の難しさ」　②「労働条件の厳しさ」
> ③「職場の人間関係の難しさ」　④「保護者支援の難しさ」　など

　特に新卒の段階では、まずは「子ども理解と保育の難しさ」や「職場の人間関係の難しさ」が課題となり、これらの課題を乗り越える対処が求められます。そのためには、養成校での取り組みが大切です。事例検討やロールプレイング、実習などを通した実践的な学びのなかで、複雑な保育の状況に対応するための知識や技術を得て、保育のやりがいや保育への自信をもつことが求められます。また、フィールドワークやインターンシップなどを通して継続的に保育の場に関わることも大切です。1年を通した保育者の役割や保育の流れを理解することで、「こんなはずではなかった」というギャップは少なくなると考えられます。一方で、リアリティ・ショックをマイナスな経験とのみとらえるのではなく、成長のきっかけとして肯定的にとらえる心持ちをもつことも大切です。

*4
リアリティ・ショックとは、「新卒の保育者が数年間の専門教育と訓練を受け、卒業後の実社会での実践準備ができたと考えていたにもかかわらず、現場で働き始めたごく初期に、自分のもっている能力や期待・イメージと現場で要求されるものとの間にギャップがあると感じ、それによって生じた衝撃」と定義されます。

ふりかえりメモ：

（2）専門的な分野について学ぶ取り組み

　保育者に求められる専門性は多くの領域・分野にわたっていることは先にも述べた通りです。そのため、保育者としての専門性を意識できるようになる中堅期以降も学び続けることが求められます。そして、学ぶ機会を提供するのが研修です。研修には、仕事の場で日々の仕事を通して行われるOJT（On the Job Training）、職場を離れたところで行うOff-JT（Off the Job Training）といった種類があります[*5]。研修の内容は、図9－2で示したような保育者にとって学ぶ必要性の高い「乳児保育」「幼児教育」「障害児保育」「食育・アレルギー」「保健衛生・安全対策」「保護者支援・子育て支援」といったテーマが考えられます。客観的な価値判断を行ったり、複雑な保育の問題に対応するためには、研修などを通して自分の保育を振り返ることや新しい知識や技術を吸収することが常に求められるのです。

（3）マネジメントやリーダーシップについて学ぶ取り組み

　中堅期後半から熟練期になると、長期的な見通しをもって保育を行うことや新卒者や後輩を指導し、人材を育成する役割が期待されるようになっていきます。また、子どもだけでなく保護者や地域とのかかわりにおいても主導的な役割が期待されます。そのため、園の組織目標や全体的な計画の設定、働きやすい環境づくり、さらには、リーダーシップや人材育成について学ぶことが求められます。

　他方で、結婚や出産といったライフイベントによって自身の生活環境が大きく変わることや中年期以降は体力の低下も自覚することもあります。保育者が長く働くためには、園全体で仕事と家庭の両立ができるしくみや保育のやりがいをもち続けるしくみを整えることが大切といえます。

[*5] 保育のOJTは園内研修と呼ばれることが多く、Off-JTは自治体や保育団体、養成校などが研修の機会を提供しています。

第9章 「保育の専門家への道」とつながる―これからの保育者論―

段階	保育者としてのアイデンティティの特徴	保育の質向上のための取り組み
新卒期 (満0年)	養成校などを卒業してすぐの段階 　まだ保育者としての地位が自分自身も周囲からも認められていない状態	理想と現実とのギャップへの取り組み ↓
新人期 (満1年から満2年)	保育を行うことにまだ不慣れな段階 　時に自分の個人的な価値観で保育を行うことがあり、園の中にまだ確固とした「自分の拠り所」が確定されていない状態	
中堅前期 (満3年〜満5年)	周囲から「保育者」として認知されはじめる段階 　自分自身も保育実践に誇りを持つようになる。しかし、まだ客観的な価値判断ができないことがある状態	専門的な分野について学ぶ取り組み ↓
中堅後期 (満6年〜満15年)	保育者としての専門性を高く意識する段階 　保育者として「できる」「やれる」という自信が持てるようになる一方で、日常的に生じること以外の複雑な問題に対しては、対応できないこともある状態	マネジメント・リーダーシップについて学ぶ取り組み ↓
熟練期 (満16年〜)	より複雑な問題や状況に対応できるようになる段階 　子どもだけでなく、保護者や地域、行政制度などにも深く関わることができる状態。後半には中年期以降に入り身体的な低下を自覚することもある。	

図9-3　保育者のアイデンティティ形成と保育の質向上のための取り組み

出典：足立里美・柴崎正行『保育者アイデンティティの形成過程における「揺らぎ」と再構築の構造についての検討』保育学研究第48巻2号　2010年　pp.107-108をもとに作成

第3節　研修の必要性と求められる資質

1. 研修の必要性

　保育所保育指針の「第5章 職員の資質向上」では、「保育所は、質の高い保育を展開するため、絶えず、一人一人の職員についての資質向上及び職員全体の専門性の向上を図るよう努めなければならない」と記されています。
　また、幼稚園及び幼保連携型認定こども園では、教育公務員特例法の定めにもとづいた新規採用教員に対する初任者研修や十年経験者に対する研修が義務づけられています。園には保育の質の向上に向けて組織的な取り組みを

行い、職員の専門性向上のために必要な研修機会を確保することが求められています。職場における園内研修や外部研修の活用は欠かせないものです。

2. これからの園や保育者に求められる「レジリエンス」

　本章で述べてきたように、保育者は各段階で悩みや葛藤を乗り越えて成長することが求められます。ここでは、困難な状況に遭遇しても適応できる個人や環境の力である「レジリエンス（Resilience）」[*6]という概念に注目したいと思います。「レジリエンス」の特徴をもつ園や保育者は、困難を乗り越え、それを成長のきっかけにできると考えられるからです。

　では、「レジリエンス」のある園や保育者とはどのような特徴をもっているのでしょうか。「レジリエンス」のある園は、「園のスタッフ間に共通した目標があること」、「スタッフ同士でサポートし合う雰囲気があること」、「各自の専門性を高め、保育の質を向上する取り組みを行っていること」などの特徴をあげることができます[5]。また、「レジリエンス」のある保育者は、社会性や自己効力感が高いことが明らかになっています[6]。ここで大切なことは、「レジリエンス」を高めるためには、保育者個人の努力だけではなく、保育者と園、すなわち、個と集団がより良い関係であることが大切です。保育者の専門性を伸ばす取り組みを園全体で支え、課題を乗り越えていくことがこれからの園や保育者にはますます求められるのです。

* 6
「レジリエンス」は、「困難な状況への適応のプロセスや能力、結果」、「困難な状況や心理的な傷つきを体験した時に、そこから回復し、環境に適応していく力動的過程」と定義されています。

レッツトライ　　　　　　　演習課題

●保育者を目指すにあたって、どのような学びが必要かを考えてみよう。

　ホップ　　今現在の自分自身について、保育を行ううえでの強みや弱みを書き出してみよう。

....

....

....

第9章「保育の専門家への道」とつながる―これからの保育者論―

ステップ　10年後の自分が身につけておくべき保育の知識や技術を考え、その目標を達成するためには、いつまでに、どこで、どのようなことを行うべきか、その取り組みを考え、話し合ってみよう。

ジャンプ　話し合いを通して出たアイデアを文章にまとめてみよう。

【引用文献】
1) 佐伯胖他編『教師像の再構築』岩波書店　1998年　p.167
2) ドナルド・ショーン著　佐藤学・秋田喜代美訳『専門家の知恵－反省的実践家は行為しながら考える－』ゆみる出版　2001年
3) 足立里美「保育者としてのアイデンティティ－保育者の成長と揺らぎ」　石川昭義・小原敏郎編著『保育者のためのキャリア形成論』建帛社　2015年　p.112
4) 小原敏郎・義永睦子・瑞穂優・田中佑子「保育者のリアリティ・ショック尺度の作成」『保育者養成教育学研究』第1号　2017年　pp.13-23
5) 小原敏郎・武藤安子「『保育の質』と『レジリエンス』概念との関連」『日本家政学会誌』第56巻9号　2015年　pp.643-652
6) 上村眞生「保育士のレジリエンスとメンタルヘルスの関連に関する研究：保育士の経験年数による検討」『広島大学大学院教育学研究科紀要』第三部第60号　2011年　pp.249-257

第10章
「子育て支援」とつながる
―保護者と地域とのコミュニケーション―

 **エクササイズ**　　自由にイメージしてみてください

少子高齢化がこのまま進むと一体どのようなことが起こると思いますか？
また、あなたが住んでいる地域では何人ぐらいの子どもがいるか知っていますか？

第10章 「子育て支援」とつながる ―保護者と地域とのコミュニケーション―

この章のまとめ！

学びのロードマップ

- 第1節　子どもを育てている家庭は、いまどのような状況にあるのかを学びます。虐待や貧困など、さまざまな課題について考えます。
- 第2節　子育て支援に関する基本を学びます。

この章の なるほど キーワード

■ **「自己決定の尊重」** …保護者とコミュニケーションを取る時に大切なのは、上から教えるというスタンスではなく、保護者の決定を尊重しながら、ともに歩んでいこうとする姿勢です。

上から目線ではなく、「いっしょにやっていきましょう！」という態度が大事ですよ。

第1節　子育てをめぐる家庭と社会の状況

1. 少子化と待機児童の問題

（1）少子化によって政府が動き出した子育て支援

　今、いろいろなところで「子育て支援」という言葉が聞かれます。そのきっかけとなったのは、出生率[*1]が1989（平成元）年にそれ以前の過去最低の1.58を下回る1.57を記録した時のことによるもので、のちに「1.57ショック」と言われるようになりました。理由は、1970年代半ば以降、女性の仕事観や結婚観が変わってきたこと、経済的にも子育てにも不安を感じはじめ「子どもがいなくても…」「今は結婚しなくても…」という考え方が増えてきたとも言われています。単純に考えて男女すべてが結婚し2人親から2人の子どもが生まれなければどんどん人口が減っていくわけで、このことに政府が危機感を抱き、子どもを3人4人育てたくなるような社会づくりをはじめたということです[*2]。

[*1] 日本では一般的に出生率というと合計特殊出生率のことをいい、合計特殊出生率とは一人の女性が一生のうちで産む子どもの平均人数をいう。

[*2] 人口が均衡した状態となる合計特殊出生率を人口置換水準といいます。現在の日本の人口置換水準は、2.07（平成27年、国立社会保障・人口問題研究所）です。よって、3人以上子どもを生まないと人口は減少していくこととなります。

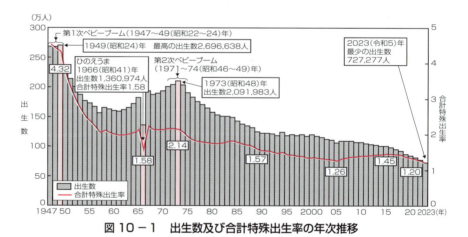

図10-1　出生数及び合計特殊出生率の年次推移

出典：厚生労働省『令和5（2023）年人口動態統計月報年計（概数）の概況』2023年

　この1989（平成元）年に厚生省（現、厚生労働省）が中心となり仕事と子育ての両立支援など子どもを生み育てやすい環境づくりに向けて対策の検討をはじめました。最初の具体的な計画としてエンゼルプラン「今後の子育て支援のための施策の基本的方向について」が、1995（平成7）年から10年間の計画で行われました。そしてエンゼルプランを実施するために保育所の量的拡大や低年齢児（0～2歳児）保育や延長保育等の多様な保育サービスの充実、地域子育て支援センターの整備等を図るための「緊急保育対策等5か年事業」が策定され、1999（平成11）年12月には仕事と子育ての両立

第10章「子育て支援」とつながる―保護者と地域とのコミュニケーション―

の負担感や子育ての負担感を緩和・除去し、安心して子育てができるようなさまざまな環境整備が進められました。

　2005（平成17）年には出生率が過去最低である1.26まで落ち込み、2015（平成27）年には1.45まで上がりましたが、2023（令和5）年には1.20まで下がり、最少の出生数72万7,277人になってしまいました。実際の出生数を考えると母親になる年代の女性の数が今後減少傾向にあるので、特殊出生率が上がってきたとしても実際の出生数が増えることは難しく、少子化の状況は続くと考えられています。

（2）女性の就労の変化と待機児童の問題

　さて、子どもの人数が少なくなってきているのになぜ待機児童の問題が起こるのでしょうか？

　女性の就労の大きな変化と関係があります。図10－2の就労率を見ると1982（昭和57）年の20代前半が約70%と最も多く、20代後半と30代前半では約50%になり低くなっているのに対し、2022（令和4）年の方は20代後半が87.7%で30代後半が78.9%となっています。2022（令和4）年も1982（昭和57）年と同じように就労率のピーク直後は下がっているものの、明らかに2022（令和4）年の方が仕事を辞める女性が少なくなっていることがわかります。

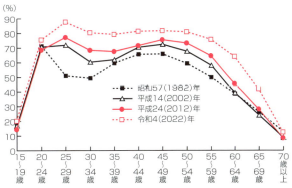

図10－2　女子の年齢階級別労働力人口比率の推移

出典：内閣府「男女共同参画白書 令和5年版」
https://www.gender.go.jp/about_danjo/whitepaper/r05/zentai/html/zuhyo/zuhyo00-03.html

　では、このことと待機児童とはどのような関係があるのでしょうか。

　待機児童数と保育所利用者数の関係が次の図10－3になります。子どもの人数が減ってきているのとは逆に、保育所を利用する0歳児に1歳児と2歳児の子どもが年々多くなってきているのがわかります。児童福祉施設の設備及び運営に関する基準により、1人の保育士がかかわれる子どもの人数は、概ね0歳児では3人、1～2歳児は6人、3歳児は20人、4～5歳児は30人と定められています。仮にA保育園の2000（平成12）年と2022（令和4）年の園児数を例にとって考えてみましょう。2000（平成12）年の園児数は154名でしたが、2022（令和4）年には98名に減りました。園児数が2/3に減ったのに保育者の数は逆に10名から13名に増えています。その訳は表10－1を見ると分かります。

　年々園児の数は減少しているのにもかかわらず、保育園に預けたい1歳児と2歳児が多くなっており、より多くの保育士を必要としています。待機児

童の問題は、子どもの少子化により解決の方向に向かっていますが、今後しばらくは0歳児や1歳児の受け入れと保育士の確保について、様子を見守りながら対応していくことが必要となります。

表10－1　A保育園の園児数の比較

A保育園	5歳児	4歳児	3歳児	2歳児	1歳児	0歳児	合計
2000年	55名 (2名)	58名 (2名)	19名 (1名)	11名 (2名)	6名 (1名)	5名 (2名)	154名 (10名)
2022年	20名 (1名)	19名 (1名)	18名 (1名)	19名 (4名)	15名 (3名)	7名 (3名)	98名 (13名)

上段は園児数
下段（　）は保育者数

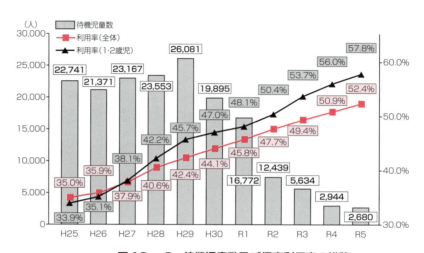

図10－3　待機児童数及び保育利用率の推移

出典：こども家庭庁『保育所等関連状況取りまとめ』2023年

2. 児童虐待と子どもの貧困の問題

（1）子育ての孤立化と児童虐待

　子育ての問題の一つ目として児童虐待の問題を取り上げておきます。

　子どもが生まれると大人中心の生活リズムが一変して子どもの生活リズムになり、昼夜に関係なく乳児の食事や排泄等の世話をしなければなりません。夜も熟睡できず疲労が増し、体に相当な負担がかかってきます。

　1950年代以前の子育ては、若夫婦が子育てで悩んでいると、一緒に生活している祖父母がいろいろな経験から知恵を授けてくれたり、協力してくれたりしながら子育てをしていました。核家族世帯でも地域の方とのかかわりも強く、「困った時はお互いさま」といろいろ手助けをしてくれるといったつながりがありました。

　現在はどうでしょうか。核家族世代がさらに増え、近所の家族とはプラ

第10章 「子育て支援」とつながる—保護者と地域とのコミュニケーション—

イベートなことに干渉されたくないということから付き合いも少なくなり、日中は父親が仕事で不在になり母親が一人で子育てをしている状況です。メディアでは父親の育児参加が取り上げられるようになりましたが、子育てにおいて孤立状態にある母親は子育ての悩みを誰にも相談できず、人によっては「育児ノイローゼ」になったり、最悪の事態として虐待を行ってしまったりするケースもあります。

　虐待には、身体的虐待、性的虐待、ネグレクト、心理的虐待の4種類があげられます[*3]。「身体的虐待」は、保護者が子どもに暴行をすることを指し、たとえば殴る、蹴る、アイロンを押しつける、異物を飲み込ませる、厳冬期などに戸外に閉め出す等々があげられます。けがの状況によっては子どもが死に至ることもあります。「性的虐待」は、子どもへの性交や、性的な行為の強要・教唆、子どもに性器や性交を見せる、などがあげられます。「心理的虐待」は、大声や脅しなどで恐怖に陥れる、無視や拒否的な態度を取る、著しくきょうだい間差別をする、子どもがドメスティック・バイオレンス（家庭内のさまざまな形態の暴力）を目撃する、自尊心を傷つける言葉を繰り返し使って傷つける等を指します。そして「ネグレクト」は、保護の怠慢、養育の放棄・拒否などと訳されています。たとえば保護者が、子どもを家に残して外出する、食事を与えない、衣服を着替えさせない、無視して子どもの情緒的な欲求に応えない、遺棄するなどを指し、パチンコに熱中して子どもを自動車内に放置する、などがあげられます。

[*3] 認定特定非営利活動法人児童虐待防止全国ネットワークより
https://www.orangeribbon.jp/parts/images/footer_010_sp.png

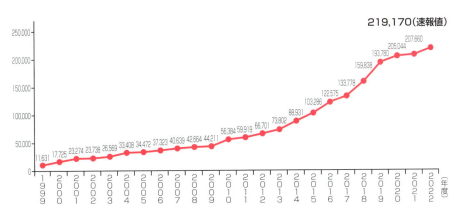

図10-4　児童相談所での児童虐待相談対応件数の推移

出典：厚生労働省「福祉行政報告例」（2022年度の速報値については、こども家庭庁支援局虐待防止対策課調べ）
（注）2010年度の件数は、東日本大震災の影響により、福島県を除いて集計した数値。

　次の図10-5児童虐待死亡数を見てみると平成15年7月から平成27年3月までの期間において、悲しいことに子ども虐待で死に至っているもっとも多い年齢は370件の0歳児で、次いで130件の1歳児となっています。さ

らには加害者の69.2%が実母であり、次いで24.2%が実父になっています。必ずしも原因は、育児の問題ということではありませんが、未然に母親と乳児に必要な支援が届いていたらと思うと残念でなりません。

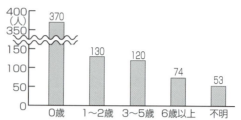

図10－5　令和3年度の年齢別児童虐待死亡数

出典：子ども家庭庁「こども虐待による死亡事例等の検証結果等について（第19次報告）」より筆者作成

（2）子どもの貧困とひとり親家庭

「子育ての問題」で子どもの貧困についても考えておかなければなりません。パソコン、携帯電話が普及し便利な社会になり豊かになったと感じるなかで、子どもの貧困化が問題になってきています。厚生労働省は「2022年国民生活基礎調査」の概況のなかで「子供の相対的貧困率は1990年代半ば頃からおおむね上昇傾向にあり、2012（平成24）年には16.3%となっている」（図10－6参照）という報告をしています[*4]。

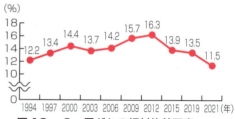

図10－6　子どもの相対的貧困率

出典：厚生労働省「2022年国民生活基礎調査の概況」

厚生労働省が、2018（平成30）年に貧困線を公表しており、単身者世帯では約124万円、2人世帯では約175万円、3人世帯では約215万円、4人世帯では約248万円となっています。この2012（平成24）年の16.3%のときは、6人に1人の子どもは貧困の状態にあるとされていました。2021（令和3）年には、子どもの貧困率は11.5%となりましたが、それでも約8.7人に1人の子どもが貧困状態にあります。ひとり親世帯の8割以上を母子世帯が占めるため、母子世帯の多くが貧困状態にあるとも言われています。同調査の概況のなかで「大人が1人の世帯（いわゆるひとり親世帯）の相対的貧困率が44.5%と、大人が2人以上いる世帯に比べて非常に高い割合になっていると報告しています。

---

*4
厚生労働省では、貧困線を等価可処分所得（世帯の可処分所得（収入から税金・社会保険料等を除いたいわゆる手取り収入）を世帯人員の平方根で割って調整した所得）の中央値の半分の額としています。「子どもの貧困率」は子どものみで算出しますが、「子どもがいる現役世帯」の貧困率は、子どもがいる世帯の大人を含めて算出しています。「子どもの貧困率」とは、子ども（17歳以下）全体に占める、等価可処分所得が貧困線に満たない子どもの割合をいいます。

表 10-2 ひとり親家庭の現状

ひとり親家庭の主要統計データ （令和3年度全国ひとり親世帯等調査の概要）

		母子世帯	父子世帯
1	世帯数	119.5万世帯（123.2万世帯）	14.9万世帯（18.7万世帯）
2	ひとり親世帯になった理由	離婚 79.5%（79.5%）[79.6%] 死別 5.3%（8.0%）[5.3%]	離婚 69.7%（75.6%）[70.3%] 死別 21.3%（19.0%）[21.1%]
3	就業状況	86.3%（81.8%）[86.3%]	88.1%（85.4%）[88.2%]
	就業者のうち 正規の職員・従業員	48.8%（44.2%）[49.0%]	69.9%（68.2%）[70.5%]
	うち 自営業	5.0%（3.4%）[4.8%]	14.8%（18.2%）[14.5%]
	うち パート・アルバイト等	38.8%（43.8%）[38.7%]	4.9%（6.4%）[4.6%]
4	平均年間収入 [母又は父自身の収入]	272万円（243万円）[273万円]	518万円（420万円）[514万円]
5	平均年間就労収入 [母又は父自身の就労収入]	236万円（200万円）[236万円]	496万円（398万円）[492万円]
6	平均年間収入 [同居親族を含む世帯全員の収入]	373万円（348万円）[375万円]	606万円（573万円）[605万円]

※令和3年度の調査結果は推計値であり、平成28年度の調査結果の構成割合との比較には留意が必要。
※（ ）内の値は、前回（平成28年度）調査結果を表している。（平成28年度調査は熊本県を除いたものである）
※［ ］内の値は、今回調査結果の実数値を表している。
※「平均年間収入」及び「平均年間就労収入」は、令和2年の1年間の収入。
※集計結果の構成割合については、原則として、「不詳」となる回答（無記入や誤記入等）がある場合は、分母となる総数に不詳数を含めて算出した値（比率）を表している。

出典：厚生労働省「令和3年度全国ひとり親世帯等調査結果の概要」

　2020（令和2）年以降の数年間、新型コロナウイルス禍にあっては、この子どもたち（小学生、中学生等）にとっては学校の休校に伴い、学校での給食による食事がとれなくなったことがメディアでも取り上げられました。その後も夏休みや冬休み等の長期休業期間の食事の確保が大きな問題の1つとなっています。

　子どもの貧困等の問題を解決するために国と日本財団が中心になって2015（平成27）年『子供の未来応援国民運動』として組織が立ち上がり学習支援、生活支援、経済支援、就労支援を行うこととなりました。学習支援や生活支援等は、それ以前に地域の自治体やボランティア等の方々が地道に「子どもの居場所」や「子ども食堂」等の活動を模索しながらはじめていました。その運営費は、行政や企業等から補助金を受けながら行っているところもありますが、それ以上に企業や地域の方、学生のボランティアによって支えられています。2012（平成24）年頃、これらの活動がメディアで紹介されてから全国的に広がりをみせ、地域と支援を必要とする家庭とがつながりはじめています。しかし、支援が必要な家庭の中には、やはりプライベートなことなので他者には知られたくないという思いや、行政や民間の支援の内容がわかりにくく理解されなかったり情報が行き届いていなかったり、手続きに時間がかかったりということで支援を受けずにいる場合もあるようです。支援の必要な方にその内容を理解していただくのに時間がかかるのかもしれませんが、支援が必要な家庭は今支援してほしいはずです。行政と地域と学校等とが必要な情報を共有して、それぞれできることを見つけ、互いに

つなげていくことが大切だと思います。

　子どもの貧困の問題は、学習意欲や自己肯定感の低下、経験の剥奪を招いているなどの報告もあり、非行やいじめ、不登校、そして虐待等の問題に波及する前に早期に必要な支援を得られるよう努めなければなりません。

第2節　保育における子育て支援

　現在、地域社会の中で子育ての問題がいろいろあります。その中で保育所保育指針が新たに2017（平成29）年に告示されました。「子育て支援」については、その前の指針で「第6章 保護者に対する支援」の中で扱われていましたが、2017（平成29）年の告示では「第4章 子育て支援」として新たに章立てされました。

1.「1 保育所における子育て支援に関する基本的事項」について

　保育所の基本的な子育て支援の考えとして「すべての子どもの健やかな育ちを実現することができるよう」「子どもの育ちを家庭と連携して支援していくとともに、保護者及び地域が有する子育てを自ら実践する力の向上に資する」と記載されています。保育所における支援は、在園児の保護者に限らず地域で子育てをしている保護者に対しても同様に支援を行うこととしています。支援にあたっては次のことを留意しなければなりません。

> **保育所保育指針**
> 第4章　子育て支援　(1) 保育所の特性を生かした子育て支援
> ア　保護者に対する子育て支援を行う際には、各地域や家庭の実態等を踏まえるとともに、保護者の気持ちを受け止め、相互の信頼関係を基本に、保護者の自己決定を尊重すること。
> イ　保育及び子育てに関する知識や技術など、保育士等の専門性や、子どもが常に存在する環境など、保育所の特性を生かし、保護者が子どもの成長に気付き子育ての喜びを感じられるように努めること。
> (2) 子育て支援に関して留意すべき事項
> ア　保護者に対する子育て支援における地域の関係機関等との連携及び協働を図り、保育所全体の体制構築に努めること。
> イ　子どもの利益に反しない限りにおいて、保護者や子どものプライバシーを保護し、知り得た事柄の秘密を保持すること。

（1）保護者の「自己決定を尊重」したかかわり

「自己決定を尊重」をするということはどういうことでしょうか。保護者が子どもの行動に対し怒ってたたいていたとします。保護者の気持ちを受け止めながらも、子どもの今の育ちからできることできないこと、どのようなかかわりが考えられるのか等を整理してみることで、そこから保護者自身が気づいて子どもと向き合うことができればと思うのです。保

育者は保護者の子育ての良き理解者であり時には良きパートナーとして支え、保護者が好ましい子どもとのかかわり方に気づいて自ら子育ての課題に取り組んでいけるように導いていくことが大切だとしています。

保育者の専門性は、特に子育ての経験のない保護者には見えにくい子どもの発達に即した子どもの生活や遊びの援助、子どもの育ち合い、環境構成、そして保護者支援等になります。

保護者支援として、保護者同士が子育てについて情報交換やさまざまなカルチャー活動等のかかわる機会があると、同じような子育ての悩みや問題等に対し共感したり、子育てのヒントがあったりします。保護者同士がつながることができる場を設定することも大切な支援の一つになります。

（2）安全に安心して子育てができるように地域とのつながりを形成する

1つ目は、地域にどのような教育や保育、子育てに関係した施設があるのかを把握し、さらに必要と感じた施設と定期的に連絡を取り合い、保護者に対して敏速な対応ができるように努める必要があります。いろいろな状況に対応ができるよう園と地域とがつながりを持っておくことが大切です。

2つ目は、保護者や子どもとのかかわり、相談等の中で、さまざまな個人情報を得ることになります。その情報が他の人に伝わると誤解や不利益になることもあります。知りえたことは守秘義務として「秘密保持」を行い、個人情報となるものは写真やデータ等の管理に気を配らなければなりません。

2.「2　保育所を利用している保護者に対する子育て支援」について

在園児の保護者に対する子育て支援としては、以下のことをあげています。

> **保育所保育指針**
> 第4章　子育て支援　(1) 保護者との相互理解
> ア　日常の保育に関連した様々な機会を活用し子どもの日々の様子の伝達や収集、保育所保育の意図の説明などを通じて、保護者との相互理解を図るよう努めること。
> イ　保育の活動に対する保護者の積極的な参加は、保護者の子育てを自ら実践する力の向上に寄与することから、これを促すこと。
> (2) 保護者の状況に配慮した個別の支援
> ア　保護者の就労と子育ての両立等を支援するため、保護者の多様化した保育の需要に応じ、病児保育事業など多様な事業を実施する場合には、保護者の状況に配慮するとともに、子どもの福祉が尊重されるよう努め、子どもの生活の連続性を考慮すること。
> イ　子どもに障害や発達上の課題が見られる場合には、市町村や関係機関と連携及び協力を図りつつ、保護者に対する個別の支援を行うよう努めること。
> ウ　外国籍家庭など、特別な配慮を必要とする家庭の場合には、状況等に応じて個別の支援を行うよう努めること。
> (3) 不適切な養育等が疑われる家庭への支援
> ア　保護者に育児不安等が見られる場合には、保護者の希望に応じて個別の支援を行うよう努めること。
> イ　保護者に不適切な養育等が疑われる場合には、市町村や関係機関と連携し、要保護児童対策地域協議会で検討するなど適切な対応を図ること。また、虐待が疑われる場合には、速やかに市町村又は児童相談所に通告し、適切な対応を図ること。

（1）保護者と保育者がともに子育ての喜びを

　保育者は、毎日一人一人の子どもとかかわりながら沢山の新しい出来事を発見することでしょう。そのことを保護者に伝えることにより、子どものちょっとした変化でも大きな喜びにつながり、子育ての励みになったりします。

　また、逆に保護者から家庭での子どもの様子をうかがうことで、その後のその子に対する適切な言葉がけや援助ができたりもします。保護者と保育者が子どもの育ちについて育てる喜びや時には大変さを共感し合いながら、子どもの育ちを見通して子育てができるように努めなければなりません。

（2）保護者が安心して支援を受けられるように

　「個別の支援」では、「子どもの貧困」の問題や「気になる子ども」の支援等があります。ただし、保護者によっては「貧困」の状況にあってもふれて

ほしくないことと考えたり、保育者が「気になる子ども」として専門家に相談すべき状況だとしても、保護者はその必要はないと考えたりする場合があります。するとそこでは適切な支援が得られなくなってしまいます。保護者と保育者がしっかりと信頼関係を築いて支援していけるよう園全体として協議を重ね取り組んでいくことが必要になってきます。

　外国籍家庭等に対する支援は、言葉や文化の違いで問題になることがあります。そのような時は積極的に他の保護者との交流の場を設けたり、場合によっては保育の中で生きた文化の交流の場となれば、普段は得られない学びの場になったりもします。無理せずにできることからはじめるとよいでしょう。

（3）子どもの安全のための支援を感じたら

　子育て支援は保護者との信頼関係の下で行っていく事が前提ですが、子どもの安全を保障することが優先されなければなりません。虐待を受けている子どもは、不自然なけがや服装のことを聞いても理由をなかなか話すことはできません。子どもの体調や不審な様子から虐待のおそれを感じたら、速やかに子育て支援を行っている行政の窓口や保健センター、児童相談所等の関係機関に相談することも必要です。要保護児童対策地域協議会は、虐待を受けている子どもをはじめとする要保護児童の早期発見や適切な保護を図るために、2004（平成16）年児童福祉法改正法により全市町村において設置されたものです。児童相談所などと同様に支援施設となるので連絡先を確認しておくことが必要です。

3.「3 地域の保護者等に対する子育て支援」について

　保育所保育指針では、在園児の保護者に限らず地域で子育てを行っている保護者に対しても必要とする支援を行うこととしています。地域の保護者等に対する子育て支援として以下のことがあげられています。

保育所保育指針

第4章　子育て支援　(1) 地域に開かれた子育て支援

ア　保育所は、児童福祉法第48条の4の規定に基づき、その行う保育に支障がない限りにおいて、地域の実情や当該保育所の体制等を踏まえ、地域の保護者等に対して、保育所保育の専門性を生かした子育て支援を積極的に行うよう努めること。

イ　地域の子どもに対する一時預かり事業などの活動を行う際には、一人一人の子どもの心身の状態などを考慮するとともに、日常の保育との関連に配慮するなど、柔軟に活動を展開できるようにすること。
　(2) 地域の関係機関等との連携
　　ア　市町村の支援を得て、地域の関係機関等との積極的な連携及び協働を図るとともに、子育て支援に関する地域の人材と積極的に連携を図るよう努めること。
　　イ　地域の要保護児童への対応など、地域の子どもを巡る諸課題に対し、要保護児童対策地域協議会など関係機関等と連携及び協力して取り組むよう努めること。

(1) 地域の子育て支援のセンターとしてのつながりを

　この支援については、各園の状況に応じてその園の保育に支障がない範囲で取り組んでいるのが実情です。一時保育や園庭開放を行ったり、一部園舎内の施設を使用できるように設定したり、また保育相談や教養講座、園によっては親子で気軽に参加できるカルチャー教室的な支援を行い、地域で子育てをしている保護者の交流の場としているところもあります。

(2) 地域の子どもたちの安全への気配りを

　在園児の保護者に対する子育て支援と同様に状況によっては保育や教育機関や市町村等の関係機関に相談することも必要となるでしょう。ただし在園児の場合と違い、次いつ会えるのかもわからない状況の中で判断しなければならない時もあります。慎重にならざるを得ませんが、状況に応じて地域の

子育て支援の主な例

　〇保育を必要とするこども以外に、園庭園舎の一部開放、育児相談や情報提供、子育てサークル、施設によっては一時預かり・病児保育・子育て短期支援
・養育支援訪問等の支援以外に障害児保育等も行っています。
〇関連施設の一例
・子育て家庭支援センター、子育て支援センター、保健センター
　児童館・児童センター、放課後児童クラブ、ファミリーサポートセンター等
・児童相談所、家庭児童相談室、障害児相談支援事業所等
〇地域によるボランティア等で行っている支援等
・子ども食堂、子どもの居場所、学習支援、フードバンク等
　　　　　　　　　　　　　　※ほかにもいろいろあるので調べてみましょう。

第10章「子育て支援」とつながる―保護者と地域とのコミュニケーション―

民生・児童委員等に連絡しておくことも必要かもしれません。
　すべての子どもの健やかな育ちを実現するために、私たち大人が、保護者と保育所、行政、地域とがみんなで手をつないで子育てを行うことが大切です。

レッツトライ　　　演習課題

●本章で学んだ「子育て支援」について理解を深めよう。

ホップ　あなたが保護者の立場で「子育てにおいて問題」だと考えられることを具体的に書き出してみましょう。

ステップ　ホップで書き出した問題点について、保育者としてどのような支援を行ったらよいのかについてグループで話し合ってみましょう。

ジャンプ　考えた支援について、演習として具体的に保護者役と保育者役に分かれて保護者が「自己決定」できるような言葉がけをしてみるといった模擬相談を行い、その後、お互い感じたことを話し合ってみましょう。

【参考文献】
内閣府『ひとり親家庭・多子世帯等自立応援プロジェクト(施策の方向性)【概要】』
厚生労働省『待機児童解消に向けた現状と取組』2016年
厚生労働省「保育所保育指針」2017年
厚生労働省「保育所保育指針解説書」2008年
認定特定非営利活動法人児童虐待防止全国ネットワーク「子ども虐待防止オレンジ運動」
　https://www.orangeribbon.jp/parts/images/footer_010_sp.png

第11章 「海外の保育思想と歴史」とつながる

エクササイズ　　自由にイメージしてみてください

あなたが考える「子ども」とは何歳ぐらいまでですか？ 反対に「大人」は何歳から？　また、あなたが考える「子ども」の特徴やイメージは、どのようなものですか？

第11章 「海外の保育思想と歴史」とつながる

この章のまとめ！

学びのロードマップ

- 第1節　現代のみなさんと海外の保育思想や歴史との関係（つながり）から、この章で学ぶ内容について説明します。
- 第2節　「スパルタ教育」など、古代から中世までの教育について概観します。
- 第3節　「子どもの発見」という歴史的転換について、近代ヨーロッパの保育・教育思想から把握します。
- 第4節　現代における「子ども中心」の保育・教育思想の発展を学習します。
- 第5節　海外の保育思想や歴史に「つながる」ことの意味について、振り返りを行います。

この章の なるほど キーワード

■**「子どもの発見」**…中世まで身体の「小さな大人」と考えられていた子どもは、近代以降、大人とは異なる見方・考え方・感じ方をもつ独自の存在として認識されるようになりました。

時代によって「子ども」のとらえ方が違ったのですね

第1節　海外の保育思想と歴史を学ぶ意義

　海外の保育思想や歴史とつながると言われて、すぐにいろいろなイメージがわく人は少ないかもしれません。「古代ギリシャ、ローマの教育」、「近代ヨーロッパの保育・教育思想」と言われても、「自分たちに何の関係があるのだろう」と疑問に思う人も多いと思います。それでは、まず自分の保育観や子ども観について考えてみましょう。「子どもとは、どんな存在？」「いつまでが子どもで、いつからが大人？」といったテーマについて、一人で考えてみてもよいですが、できれば周囲の人と意見交換をしてみましょう。

　子どもについて、「かわいい、純粋」などの意見が出ましたか。「何歳までが子ども？」など、さまざまな論点が見つかりましたか[*1]。

　実は、子どもや保育について考えを巡らせている時、みなさんは無意識のうちに「海外の保育思想や歴史」につながっています。確かにみなさんの考えや感覚は個人的なものですが、もう一つの側面として、これまでの人類の歴史的・社会的発展の上に培われてきた考え、感覚でもあります。

　この章で学んでほしいことは、主に2つです。1つ目は「みなさんがすでに海外の保育思想や歴史とつながっていること」、2つ目は「みなさんのすでにもっている子ども観や保育観を発展させていくためには、海外の保育思想や歴史と意識的につながっていく必要があること」です。

> **＊1**
> 保育士は乳幼児（0〜6歳）を対象とした職業と考えられがちですが、実際は18歳未満の子どもが対象になります。この場合の「子ども」は児童福祉法に規定された「児童」であり、他の法律で規定されている「未成年」（20歳未満）とも異なります。このことは「子ども」という概念が生物学的な要素だけでなく、社会制度や文化に規定されていることを示しています。

第2節　西洋における古代から中世までの教育

1. 古代ギリシャ、ローマの教育

（1）古代ギリシャの教育　—スパルタ教育とアテネの教育—

　子どもは厳しく育てるべきでしょうか、それとも自由な雰囲気のなかでのびのびと育てるべきでしょうか。このような問いは、古代ギリシャまでさかのぼることができます。

　先住民の征服によってポリス（都市国家）を形成したスパルタでは、軍事色の強い教育が行われました。選抜された子ども（男の子）は、7歳になると親元から国立の共同教育所に預けられ、30歳まで戦争に耐えられる強健な身体と精神を養うための教育を受けました。このような鍛錬（たんれん）主義的教育は現在でも「スパルタ教育」の名で知られています。

古代ギリシャのもう一つの代表的なポリスであるアテネにおいても厳しいしつけはありました。しかし、クレイステネス（Kleisthenēs）の改革（前508年）によって民主制の基礎が築かれたアテネでは、子どもは遊びの中で人間形成を行うものであるという考えが発展しました。古代ギリシャの哲学者であるプラトン（Platon）は、子どもの人間形成に遊戯は不可欠であると述べています。プラトンは、遊びに没頭する子どもの姿に、その子本来の個性があらわれていると考え、その姿をもとに教育の方法を考えていくべきだと提案しました。このような考え方は、彼の弟子であるアリストテレス（Aristotle）にも受け継がれ、子どもは5歳くらいまではあらゆる強制や学習をひかえ、活発に遊ばせるべきだと言われました。

プラトンとアリストテレス

（2）古代ローマの教育 ―実務教育とギリシャ文化の影響―

紀元前1世紀頃に周辺の都市国家を征服したローマでは、当初、日常生活に必要な実務的な習練が重視されていました。そこでは、軍事訓練や農作業を通しての身体鍛錬や、神・国家・父への敬虔な義務意識など実生活に即した教育が行われました。それは主に家庭で行われ、子どもは父親から、基礎的な読み書き、計算、農事などを教わり、母親もまた子どもの情操教育に大きな役割を果たしていました。

しかし、ローマが地中海全体を支配する一大帝国に発展すると、ローマ人の生活に急激な変化が起き、次第にギリシャの教育観や制度が模倣されるようになります。ギリシャ文化の影響を強く受けたキケロ（Cicero,M.T.）は、子どもにはあらゆる徳性を身につける力が備わっており、教育の本質は子どもの自主的な徳性の形成を尊重し、助成するところにあると考えました。また、古代ローマを代表する教育者クインティリアヌス（Quintilianus,M.F.）は、体罰を批判し禁止しました。ローマの家庭外の教育施設では、教師の意のままにならない子どもは、むちでたたかれることも多くありました。クインティリアヌスは、そうしたやり方を批判し、子どもの資質や才能に合った学習や遊びを配置する教育方法を提示しました。

2. 中世ヨーロッパの教育

（1）階層による教育の違い

中世ヨーロッパでは、キリスト教（ローマ・カトリック教会）が子どもの人間形成に大きな影響を与えるようになります。修道院学校は修道士を養成する機関でしたが、一般の子どもの教育も行いました。子どもは、教会組織において貧富の区別なく、信仰教育を受けました。しかし、中世には、今日

のような体系的な学校組織は存在しておらず、子どもはそれぞれの生活の中で教育を受けていました。

たとえば、修道士たちは、習字・計算・唱歌・宗教の基本文の暗唱からはじめ、次に「自由七科（リベラルアーツ）」（文法・修辞・論理学・算術・幾何・天文学・音楽）、最終的には神学を修めることを目標に教育を受けました。また、騎士を目指す子どもは、7歳になると親元から離れて、領主のもとで生活し、行儀作法などの習得に励んだ後、14歳になると騎士の七芸（乗馬・水泳・投槍・剣術・狩猟・チェス・作詩）などの修練を積みました。手工業者たちは、10歳ごろからギルドと呼ばれた職人集団の中に身を置き、徒弟制度のもと、技術の習得だけでなく人間形成も行いました。農民の子どもは、日常生活や農作業の中で農村共同体における生活のルールを学び、教会における日曜学校では、神と領主への服従を教えられました。

（2）「小さな大人」としての子ども

中世の子どもは、現在のように社会生活から分離された場所（学校）で教育を受けたのではなく、大人と区別されることなく、「小さな大人」として生活や慣習の中で教育を受けることが一般的でした。現在の私たちになじみ深い「子ども」という観念は、中世以降に徐々に一般化したものなのです。

第3節　近代ヨーロッパにおける保育・教育思想

1. 中世の終わり（ルネサンスの始まり）から近代へ

14世紀にイタリアで始まったルネサンスは、中世の世界観や人間観に大きな変化をもたらしました。中世では「神」や「来世」が重視されましたが、ルネサンスでは、古代ギリシャ・ローマの学問や芸術が見直され、「人間」や「現世」を重視する人文主義（ヒューマニズム）の思想が広まりました。ヒューマニズムは教育にも影響を与え、大人とは区別された存在として「子ども」を重視する先駆的な保育・教育思想が生まれました。

（1）コメニウス ―世界最初の絵入り教科書―

コメニウス
(1592-1670)

チェコ出身で、「近代教育学の父」と呼ばれるコメニウス（Comemnius, J. A.）は、誕生から24歳までの統一的学校体系を提唱しました。その第1段階（生誕から6歳まで）は「母親学校」と呼ばれ、家庭で母親が子どもの教育を行

第**11**章「海外の保育思想と歴史」とつながる

う時期とされました。それは乳幼児の発達は個人差が大きく、保護者の裁量にゆだねられるところが大きいと考えられたためでした。母親の膝の上で、子どもは自然科学や社会科学の基礎的知識（動植物、鉱物の名称、数の概念など）や、道徳や宗教に対する基本的態度（節制、正義、神への怖れや愛など）を学ぶべきだと考えられました。さらに、コメニウスは子どもの教育には実物や感覚を通した教育（直観教育）が必要だと考え、世界最初の絵入り教科書『世界図絵』を作成しました。

図11-1 『世界図絵』（1658年）
出典：コメニウス（井ノ口淳三訳）『世界図絵』ミネルヴァ書房 1988年

このページではアダムとイブが人間の祖先であると教えています

（2）ロック ―「健全なる精神は、健全なる身体に宿る」―

イギリス経験論の始祖として知られるロック（Locke,J.）は、体育、徳育、知育の3つの教育を重視しました。ロックにとって、身体の鍛錬は精神の鍛錬と結びつくものでした。子どもの精神は何も描かれていない「白紙」のような状態であり（「精神白紙説」）、幼いころから適切な経験を積むことで自己抑制の習慣を身につけなければなりません。身体は人間の精神活動の土台であり、身体を厳しく鍛えることは、困難に耐えうる精神を作り上げることでもありました。ロックは、このような体育、徳育の基礎の上に、子どもの好奇心に応じた知育を行うべきだと考えました。その場合でも、教育の目的は知識の習得そのものではなく、その過程において人格を完成させることでした。

精神白紙説はタブラ・ラサともいいます。第2章で学習しましたよ（36ページ）

ロック（1632-1704）

（3）ルソー ― 子どもを子どもとして見ること―

18世紀のフランスで活躍したルソー（Rousseau,J.J.）は、理想の教育を論じた『エミール』の中で、子どもを子どもとして理解することの重要性を主張しました。

『エミール』の冒頭の言葉、「万物をつくる者の手をはなれる時すべてはよいものであるが、人間の手にうつるとすべてが悪くなる」[1]に示されているように、ルソーは「人為」（人の為すこと）を否定的にとらえ、「自然」を重視していました。彼の教育論も、人間内部の「自然」を回復することを目的とし、そのことを通して人々の間に不平等をもたらす社会を変えることを主

ルソー（1712-1778）

ふりかえりメモ：

眼としていました。

　ルソーによれば、教育は「自然の教育」「事物の教育」「人間の教育」の３つに分けることができます。「事物の教育」は、人間の外部にある環境からの影響による教育です。ここには自然や人工物などさまざまな事物による人間への影響が含まれます。「人間の教育」は、意図的・無意図的な人間の働きかけによる教育です。これら２つの教育は、人間の意志によってある程度までコントロールすることができます。しかし、「自然の教育」は人間の能力と器官の自然的・内部的発達を意味し、人間がコントロールすることはできません。そのため、ルソーは「事物の教育」や「人間の教育」を「自然の教育」に合わせて行うことの重要性を主張したのです。

　ルソーは、人間内部の自然（発達段階）を重視する立場から、教育を５つの段階に整理しました。保育との関連で言えば、最初の段階は「乳幼児期（誕生から言葉を覚える時期）」であり、主に四肢の自由な運動を通して健康を養う時期です。次の段階は「児童期（3〜12歳）」であり、主に感覚器官を訓練する感覚教育の時期です。ルソーは、これらの時期の子どもの成長には、家庭が重要な役割を果たすと考えました。当時の上流階級では生まれた子どもを乳母に預ける風潮がありましたが、ルソーは、母親が自ら子どもを育てるべきであり、男性もまた父親としての義務を果たすべきであると、家庭の重要性を力説しました。

　さらに、『エミール』では、幼い子どもの教育方法として「消極教育」が提唱されています。その中でルソーは、大人の役割が子どもに知識や道徳などを教え込むことにあるのではなく、子どもが本来もっている成長する力を見守ることにあると主張しました。

　「消極教育」は、ルソーが「理性の時代」と呼ぶ青年期における「積極教育」と対比されます。このような対となる教育理念には、子どもを大人とは区別された独自の存在と見るルソーの子ども観が反映されています。子どもを子どもとして見るルソーの思想は、これ以降の保育・教育思想に多大な影響を与えました。

2. 近代ヨーロッパにおける保育思想と実践

　ルソーは、その思想的影響力から「子どもの発見者」と称されます。しかし、心性史家のアリエス（Aries,P.）によれば、中世の「小さな大人」から近代の「子どもの発見」という歴史的転換は、「子ども」という観念が長い年月を経て人々の間に浸透していった結果でした[*2]。アリエスに言わせれば、ルソーの功績は「子どもとは何かを探し求めていた人びとに対して…断片的な観念を体

＊2
アリエス『＜子供＞の誕生』（みすず書房）の表紙（絵はブリューゲル作「子どもの遊び」の一部）。

第**11**章「海外の保育思想と歴史」とつながる

系化し、広く普及していた意見に説明を与え、そしてまた、好奇心を喚起し、探求をうながし、道を拓いた」ことにありました[2]。ルソー以降、近代ヨーロッパでは、子どもをめぐってさまざまな保育・教育思想や実践が展開されます。

（1）ペスタロッチー ―教育の基本としての家庭―

スイスのペスタロッチー（Pestalozzi,J.H.）も、ルソーの思想に触発された教育思想家、実践家の一人でした。彼は貧民教育や戦争孤児の教育を実践するなかで、子どもの自由を重んじ、教育に社会変革の希望を託しました。

ペスタロッチーは、知識・身体・道徳の調和的発達と、家庭教育を重視したことで知られています。子どもの発達は、知的・身体的・道徳的能力の調和及び3者の相互的関係性のなかで実現されると考えられました。そのため、それぞれの能力に対応した「頭と手と心臓」の訓練を目的として、体育や音楽、絵画を通した保育の意味と方法が示されました。

ペスタロッチー
（1746-1827）

また、幼い時期の教育は、家庭生活の中で自然と行われるものととらえられました。家庭では、母と子の愛と信頼に満ちた人間関係を基盤として、人間への愛情や信頼、感謝の念が育まれます。彼にとって、家庭教育こそ人間教育の基本でした。

しかし、現実的な問題として、当時の貧困層の家庭には十分に子どもの保育を行う余裕はありませんでした。18世紀における資本主義の発展は、多くの貧しい賃金労働者を生み出し、そうした家庭の母親の多くは外で働かなければならない状況にありました。ペスタロッチーは、そうした現実を踏まえて、貧困家庭の幼児のための施設（キンダーハウス）を提案しました。この施設は実現しませんでしたが、その構想はさまざまな形で受け継がれていきます。

（2）オーベルランとオウエン ―保育所の原型―

フランスではオーベルラン（Oberlin,J.F.）が、放任された貧困家庭の子どもが好ましくないことを学び、怠惰な人間になること、正しい言葉を話せず、差別を受けることを問題視し、自らの手で保護施設を設立しました。牧師であった彼は、その施設で聖書や讃美歌を用いた宗教・道徳教育を行いました。また、彼の施設では、知育として正しい言葉づかいや色彩感覚の訓練を行っていただけでなく、幼児期から編み物などの職業教育を行っていました。散歩や遊戯も重視され、子どもが楽しい雰囲気の中で生活できるような工夫が施されていました。

オーベルラン
（1740-1826）

イギリスにおいては「社会運動の父」と呼ばれたオウエン（Owen,R.）が、

オウエン（1771-1858）

自らの工場内に労働者階級の子どもの保護と教育を目的とした「性格形成学院」を設置しました。この学校では、外的環境による子どもの性格形成に与える影響が重視され、適切な環境を維持することによって、衣食住の保障された生活の提供だけでなく、心身の健康な発達の促進、合理的な考えや行動の育成が目指されました。オウエンは、子どもの道徳的性格は自由な環境の中で仲間を尊重し、仲間の幸福のために行動することによって育まれると考えました。このような考えを基本として、彼の施設では、ダンス（2歳以上）、地理や自然史の基礎学習（4歳以上）、作業や実習を通した生産労働（5～7歳）などの教育実践が行われました。

オーベルランやオウエンの幼児保護施設は、現在の保育所の原型となりました。

（3）フレーベル ―世界最初の幼稚園―

フレーベル（1782-1852）

幼稚園はドイツ（プロイセン）のフレーベル（Fröbel,F.W.）によって始められたと考えられています。フレーベルは若い時にペスタロッチーの学校で教師をしていた経験から多くを学び、独自の保育思想を発展させました。

フレーベルは、「神」は人間や自然などすべてのものに内在するという立場から、保育の役割は人間が本来もっている「神性」を導き出すことにあると考えました。特に子どもの自発的活動は人間内部の本質（神性）のあらわれとして尊重され、具体的な活動としては遊びと作業が重視されました。フレーベルにとって、保育における遊びの価値はきわめて高いものでした。遊びを通して子どもは、身体を発達させるだけでなく、自らの内面を表現することで、精神や感覚をも発達させます。遊びは教育の手段であり、同時に子どもの生活そのものであると考えられました。また、フレーベルは神が創造的に世界を創ったように、人間もつねに創造的な活動を営むように定められていると考えました。作業における身体動作は、子どもの精神にも作用し、内面をさまざまな方向に発展させます。作業も遊びと同様、子どもの内的なものを外部に表現する手段であり、労働は人生そのものであると考えられました。

第一恩物

第二恩物
（お茶の水女子大学所蔵）

フレーベルはこのような自身の保育思想を「恩物」という教材によって具体化しました。恩物は、毛糸のボール、木製の立方体など単純な形で構成されており、子どもはこの教材を用いて自ら創造的に学ぶことを期待されました。また、フレーベルはこの恩物を用いた保育の方法を広めるために「遊戯及び作業教育所」を設置しました。後にこの施設は「キンダーガルテン（子どもの園）」と改称され、世界最初の幼稚園となりました。

第11章 「海外の保育思想と歴史」とつながる

第4節　現代の保育・教育思想

　20世紀初頭に「新教育運動」が起こりました。それは、コメニウスからフレーベルまでの思想的流れを継承し、子どもの自由の尊重と「子どもから」の教育を目指す児童中心主義をその思想的特徴としていました。その中心となった人物は、エレン・ケイ（Ellen K.S.Key.）、デューイ（Dewey,J.）、モンテッソーリ（Montessori,M）らの教育哲学者、実践者でした。

（1）エレン・ケイ ―子どもの権利と母性―

　スウェーデンのエレン・ケイは、その著書『児童の世紀』で20世紀を子どもの世紀とみなし、子どもの権利と母性の擁護を主張しました。彼女にとって、子どもは大人と同じ人格をもつ存在というだけでなく、善の本性をもつ存在でした。「悪い子」であることも子どもの権利であり、子どもの過ちは将来の道徳的行為の芽生えを含むものとして肯定的にとらえられました。その一方で、子どもを支配し、抑圧する大人たちには厳しい批判の目が向けられました。エレン・ケイは、かつてルソーが主張したように、子どもはあるがままに任せられるべきであり、大人は子どもが他人の権利を侵害しない限り自由に行動できる環境を整えるべきだと主張しました。

　また、エレン・ケイは、家庭を幼い子どもにとっての最良の養育の場とみなし、その中心的役割を母親に求めました。彼女の時代には、女性の社会進出や女性解放運動の思潮の中で、出産や子育てを望まない女性も増えつつありました。エレン・ケイはそうした風潮に対して、家庭の教育力の復興のためには母性の復権が重要であると考えました。彼女にとって、女性に対する母性の教育や育児期間中の養育手当などによる母性の保護は、子どもの権利を保障するうえで不可欠なものでした。母性にもとづく女性の家庭的役割の神聖視は、今日的なジェンダーの視点からみれば問題があると言えます[*3]。しかし、子どもの権利保障と家庭支援を結びつけるなど、エレン・ケイの思想には、現代の子育て支援を考えるうえで重要な視点が含まれていました。

（2）デューイ ―子ども中心の教育―

　デューイは、アメリカのプラグマティズムを代表する哲学者です[*4]。彼は1896年にシカゴ大学に4〜13歳までの子どもを対象とした実験学校を作り、そこでの経験をもとに児童中心主義の教育理論を体系化しました。その教育理論の特徴は、教師や教材中心の教育（旧教育）から、子どもを中心とした教育への転換を図った点にあります。デューイは、子どもとは無関係に設定された目標への到達を目的とする旧教育のあり方を批判し、教育の目的

---

*3　ジェンダー（gender）は社会的性差と訳され、生物（学）的性差（sex）と区別されます。母性を生物としての「性」に結びつけることは、子育てを女性の役割として固定化することにつながります。

*4　プラグマティズムは、主に20世紀のアメリカで発展し、道徳論や社会理論など幅広い分野に影響を与えました。その思想的特徴は、個人の内なる思考や観念を重んじる哲学的立場に対して、思考や観念と具体的な行為との結びつきを強調した点にあります。
　デューイもまた、人間の思考を問題の把握から解決を探求するプロセスにおいて使用される「道具」ととらえました。

デューイ（1859-1952）

は子どもの経験の絶え間ない再編や改造にあるとして、子どもの成長以外に教育目的は認めないという立場に立ちました。

　デューイの言う「なすことによって学ぶ」は、たんに多くの経験をすることを目的とした学習方法ではありません。重要な点は、問題解決と結びついた経験を積むことです。問題解決のためには、問題意識をもち、仮説を立て、実際に試みるというプロセスを要します。この過程において、子どもは、自然や道具、周囲の人々といった外部の環境と主体的に関わる方法を学習します。また、問題解決には単なる情報ではなく、さまざまな情報を解決に役立つように体系化した知識が必要です。解決策が容易に見つからない場合は、子どもは集中することや、根気よく挑戦し続ける姿勢を身につけなければならないでしょう。このような観点から、デューイの実験学校では子どもが夢中になって取り組めるような作業が重視されました。

　このようにデューイは教育課程や教材が子どもの経験と結びついたものであることを重視しました。デューイにとって、教育課程は子どもの生活経験に沿ったものでなければならず、教育の目的や方法は実際の子どもの態度や反応に応じて変更されるべきものでした。この意味において、デューイの教育理論と方法は、徹底した児童中心主義に貫かれていました。

（3）モンテッソーリ ―感覚を通した保育―

　イタリア最初の女性医学博士となったモンテッソーリは、知的障害児や貧困層の子どもの教育に尽力しました。特にローマのスラム街に開設された「子どもの家」における活動は世界的な関心を集め、彼女の教育理念や方法が「モンテッソーリ・メソッド」として広く知られるようになるきっかけとなりました。

モンテッソーリ
（1870-1952）

　彼女の基本的な教育原理は、子どもの自主性の尊重です。モンテッソーリは、子どもの内部には自ら成長する力が秘められていると考えました。周囲の大人の役割は、子どもの自由に発展する力を妨げない環境を用意することでした。このような観点から、彼女の教室では、子どもが自ら動かせる小型の机やいすが採用されました。また、教師はひとたび子どもが活動に集中しはじめたら、干渉せず見守ることが求められました。

モンテッソーリ教材
（ピンクタワーなど）

　子どもは自由な活動の中で、次々と興味の対象を変えていきます。モンテッソーリは、そうした子どもの様子から、子どものさまざまな能力の獲得には、それぞれ適した時期があると考え、それを「敏感期」と呼びました。たとえば、言葉の習得は幼少期の早い段階から始まりますが、この特定の時期が過ぎてしまうと、言葉の習得には多くの労力や強い意志を必要とします。モンテッソーリは、子どもに適切な時期に適切な刺激を提供するという観点から、色板や触覚板などの教材を用いた感覚教育を実践しました。

第**11**章「海外の保育思想と歴史」とつながる

第5節　海外の保育思想や歴史と意識的につながること

　本章で見てきたように、保育・教育思想は「子どもをどのように考えるか」という問題（子ども観）と密接にかかわっています。海外の保育・教育思想に見られた子ども観には、みなさんが共感できる部分も多くあったはずです。それは、アリエスが強調したように、「子ども」という観念が、長い人類の歴史的発展の中で獲得され、共有されてきたものだからです。

　一方で、保育の専門家になるためには、子ども観を保育観として不断に高めていく必要があります。保育の対象となる子どもは決して一様ではなく、社会もまた刻々と変化しています。そのような変化に富む環境の中で保育を継続していくためには、保育者は時に変化に合わせ、時に変化に流されずに、子どもの成長を支える最善の方法を考えていかなくてはなりません。「何を変え、何を変えないのか」、その判断基準は保育者それぞれの保育観にあります。海外の保育思想や歴史を学ぶことは、みなさんの保育観を高め、継続的に保育を実践していくためのヒントを提供してくれるでしょう。

 　　　　　　　　　　　　　　　演習課題

●本章で取り上げた海外の保育・教育思想について理解を深めよう。

ホップ　　本章で取り上げた海外の保育・教育思想家の中から印象に残った人物を1人選び、時代背景や思想内容について箇条書きでまとめてみよう。必要に応じて、他の参考書などを用いてより詳しく調べてみよう。

ステップ　　ホップでまとめた内容をもとにグループで話し合いを行い、さまざまな思想の時代背景や特徴について比較してみよう。

ジャンプ 自分で調べたことやグループ討論の結果を参考に、もっとも印象に残った保育・教育思想家について、時代背景や思想的特徴を文章でまとめてみよう。

....

....

....

【引用文献】
1）ルソー,J.J.『エミール（上）』岩波文庫　1962 年　p.27
2）アリエス,P.『「教育」の誕生』藤原書店　1992 年　p.187

【参考文献】
小川正通『世界の幼児教育』明治図書　1966 年
長尾十三二『西洋教育史』東京大学出版会　1978 年
金沢勝夫・下山田裕彦『幼児教育の思想』川島書店　1974 年
荘司雅子編『幼児教育の源流』明治図書　1977 年
乙訓稔『西洋現代　幼児教育思想史』東信堂　2009 年

第11章「海外の保育思想と歴史」とつながる

コラム ホイクのツボ③

海外の保育思想と歴史のつながり

年表(左側):
- 1500年 小さな大人としての子ども
- 1550年 子ども自体への注目
- 1600年 コメニウス
- 1650年
- 1700年 ルソー
- 1750年 ペスタロッチ／オウエン
- 1800年 フレーベル
- 1850年 デューイ／モンテッソーリ／倉橋惣三
- 1900年
- 1950年

コメニウス（1592-1670）チェコスロバキアの教育思想家

近代教育の父と呼ばれ、「大教授学」を著しました。事物を正しくとらえる感覚の鋭敏さや活動性のある乳幼児期こそ、実物や感覚を通した直観教育が必要と考えました。

ルソー（1712-1778）フランスの哲学者

自然主義教育について論じた『エミール』が有名。幼い子どもの教育方法として「消極教育」を提唱し、子どもが本来もっている成長する力を見守ることにあると主張しました。

オウエン（1771-1858）イギリスの社会革命者

産業革命期に工場経営者になり、自らの工場内に労働者階級の子どもの保護と教育を目的とした「性格形成学院」を創設。現在の保育所の原型といえます。

ペスタロッチ（1746-1827）スイスの教育家

当時の社会状況から、母親が働きに出て子育てができない家庭の幼児を集め、必要な世話を行う施設を開くことを構想しました。

フレーベル（1782-1852）ドイツの教育家

世界最初の幼稚園を創設しました。幼児期の教育を極めて重要なものと位置づけ、子どもの内的なものを外部に表現する手段として、遊びと作業を重視しました。さらに、自身の保育思想を「恩物」という教材によって具現化しています。

デューイ（1859-1952）アメリカの哲学者・教育学

プラグマティズムに基づく教育論を構築。教師や教材中心の教育（旧教育）から、子どもを中心とした教育、児童中心主義の教育理論を体系化しました。

モンテッソーリ（1870-1952）イタリアの教育学家

障害児教育の先駆者。子どもの内部には自ら成長する力が秘められていると考え、子どもが自由に発展することを促す環境を用意することが重要と考えました。そのため、幼児の集中を促すための教具を多く製作しました。

倉橋惣三（1882-1955）日本の保育・教育家

日本のフレーベルと呼ばれています。

ヨーロッパやアメリカの理論を取り込んで日本の近代教育・保育が始まります。次の章では日本の保育思想と歴史を解説します。

※この図は各思想家の影響を示すイメージです。

第12章
「日本の保育思想と歴史」とつながる

「二十遊嬉之図（複製）」（お茶の水女子大学所蔵）

エクササイズ　　自由にイメージしてみてください

　上の絵は明治時代初めごろの幼稚園の様子です。何をしているところでしょうか？　考えてみましょう。

第12章「日本の保育思想と歴史」とつながる

学びのロードマップ

- 第1節　古くから今に伝わる日本人の保育観を見直します。
- 第2節　江戸時代の人々の保育観を探ります。
- 第3節　明治時代から昭和20年（終戦）までの保育の軌跡を学びます。
- 第4節　戦後の保育と現在の保育のつながりを考えます。

■ **「誘導保育論」**…倉橋惣三（くらはしそうぞう）が提唱した保育の方法。根底にあるのは「生活（遊び）そのものが教育」という考え方で、「生活を、生活で、生活へ」という言葉に集約されます。

彼の思想はわが国の保育の原点ともいえます。

倉橋惣三と子どもたち（1937年／お茶の水女子大学所蔵）

第1節　古代から江戸時代までの日本の保育観

1. 誕生を祝う行事の移り変わり

みなさんは、お宮参りや七五三など、子どもの成長をお祝いする、今も続く伝統行事のことを覚えていますか？

「七つ前は神のうち」という言葉があります。感染症などを含めて、乳児の死亡率が高かった時代に生まれた言葉ですが、七五三にも関連しています。

まず生まれて間もなくの子どもの成長を祝う行事として、お宮参り[*1]があります。やがて生まれて半年くらいにお食い初め[*2]が行われます。

さらに3歳、5歳、7歳と無事に子どもが成長したことへの感謝と、祝う行事（七五三）が行われ、現代も続いています。

> **注目コラム　七五三の年齢区分のいわれとは？**
>
> もともと次のような子どもの成長を祝う行事がありました（諸説あります）。
> - 3歳：髪の毛を伸ばす「髪置（かみおき）の儀」（男女のお祝い）。
> - 5（〜6）歳：盛装として袴を着ける「袴着（はかまぎ）」（男児のお祝い）。
> - （6〜）7歳：大人と同じ丸帯を着ける「帯解（おびと）きの儀」（女児のお祝い）。
>
> 古いものは平安時代から、新しいもので江戸時代から行われていました。かつては数え年（生まれた年が1歳、新年を迎えると1歳を加える年齢です）で行われましたが、今は満年齢（生まれた年を0歳として誕生日を迎えると1歳を加えていく年齢です）で行われています。江戸時代、寺子屋（手習い所）には、数えで6〜7歳から通い始める子どもが多かったようです。
>
> この年齢区分が明治維新以降の教育機関に受け継がれ、幼稚園の入園は満3歳、小学校入学は満6歳と法令で決められることとなります。

2. 子どもを慈しむ思想は昔からありました

　銀（しろがね）も　金（くがね）も玉も　何せむに　まされる宝　子に如（し）かめやも

万葉集に収められている、奈良時代の歌人、山上憶良（やまのうえのおくら）の有名な歌の句です。このように、子どもはどんな宝物にも代えがたい宝だと考えられていました。

しかし一方で日本書紀には、676年に凶作のため子どもを売る許可を朝廷に上奏（じょうそう）し、691年に黙認されている例や、757年の養老律令には生活が苦しくなった親は、7歳になれば子どもの同意があれば売ることができるが、親は百たたきの刑罰に処せられると定められていました。

＊1
初宮参りとも呼ばれ、生まれた子どもが初めて産土神（うぶすながみ：その子が生まれた土地の守護神）にお参りし、その土地の一員として認めてもらい、その子どもの健康と長寿を祈る行事で、おおむね生後30日ごろに行われます。現在のような形になったのは室町時代といわれています。

＊2
正しくは百日祝い（ももかいわい）といわれ、生後100日目に行われる（または110日目、120日目に行われる地域もあります）儀式で、初めて箸を使うので「箸揃（はしぞろ）え」「箸初（はしはじ）め」とも呼ばれています。このころに乳歯が生え始めるので、「一生涯、食べることに困らないように」との願いを込めて食事の真似をさせる儀式で、平安時代から行われているようです。

第2節　江戸時代から明治維新までの日本の保育観

1. 江戸時代はどんな時代だったのでしょうか？

　長い戦乱の時代が終わり江戸時代に入ると、人々の生活は安定してきました。特に武士階級では、戦乱の世の中への対応ではなく平和な時代で活躍できる人材を育てることが必要になってきました。

　たとえば、江戸時代は室町時代から続いて小氷期（小氷河期）に入っていたため、平均気温は現代より2℃ほど低く、異常気象などによる飢饉が繰り返し起こりました。冷害・旱魃＊3・水害などの異常気象、病害（感染症）、火山の噴火などで凶作が連続して全国規模で起きたケースや、東日本、特に東北を中心に発生したケースなどがあります。暮していけなくなった農民たちは、堕胎＊4、棄児＊5、間引き＊6、逃散＊7などで生き延びることを考えます。

　特に江戸時代中期以降、たび重なる飢饉により、打ちこわし、農村の荒廃、間引きや堕胎による人口減少、ひいては労働力人口の減少につながっていきます。やがて徳川幕府はさまざまな法律＊8を出して人口減少への対策に努めます。

2. 江戸時代に生まれた子どもに関する思想は？

　そのようななかでいかに冷害に負けない農作物を育てるか、効率の良い作付けのためにはどのようにすればよいのか、などを考えるのが農政学者でした。彼らを中心として、多様なジャンルの学者たちが乳幼児の保護・育成をする必要性を訴え、なかにはそのための施設の設立も構想しています。

表12－1　江戸時代の日本の思想家たちの保育・教育観

中江藤樹（1608-1648）	陽明学者。子どもの教育は胎教からと考えています。
山鹿素行（1622-1685）	兵学者。子どもの発達段階に即した教育の必要性を述べています。
貝原益軒（1630-1714）	本草学者。著書『和俗童子訓』で子どもは自然の内なる力によって育つと、子どもの個性教育の必要性を説いています。
大原幽学（1797-1858）	農政学者、農村指導者。自然に従う教育を提唱しています。
大原左金吾（？-1810）	海防学者。1797年その著書『北地危言』のなかで「養育の館」という貧児のための養育施設の設立を提唱しています。
佐藤信淵（1769-1850）	農学者、兵学者。『垂統秘録』のなかで現代にも通じる保育施設の提案をしています（p.162のコラム参照）。

出典：筆者作成

*3　長い間雨が降らないで水が涸れてしまうことをいいます。

*4　こおろしとも呼ばれ、胎児を分娩期より先に母親の体外に出してしまうことです。

*5　養育できなくなった子どもを、遺棄してしまうことです（育児放棄）。捨て子とも言われます。

*6　生活できなくなり、口減らしのために、親が乳児を殺してしまうことです。

*7　生活ができなくなり、住んでいる村・町を捨てて逃げることをいいます。

*8　人身売買の禁止：1616（元和2）年、五人組制度：1623（元和9）年、棄児預かり所：1687（貞享4）年、堕胎・間引きの禁止：1765（明和2）年、深川窮民教育所設立：1791（寛政3）年
また、老中・松平定信は町会所（まちかいしょ）の設立、窮民御救起立（きゅうみんおすくいきりつ）、七分積金制度の設立（このお金が明治以降学校設立の基金となったといわれています）を行いました。

> **注目コラム　現代にも通じる保育施設プラン!?**
>
> 佐藤信淵の『垂統秘録』には、次のような構想がありました。
> - 「慈育館（じいくかん）」…貧困家庭の乳幼児を保育する施設を考え、当時の日本では珍しい牛乳を使った栄養補給などについても構想しています。
> - 「遊児廠（ゆうじしょう）」…4歳から7歳の子どもを遊ばせる施設（幼稚園・保育所）と考え、大人の養育者を置くことも提唱しています。
> - 「教育所」…8歳からはここに送って、計算や漢文字の初歩である素読（そどく）を教える場所とする、と述べています。
>
> このように具体的な内容でしたが、残念ながら構想だけにとどまりました。

3. 江戸時代の学びの場は？

では次に、江戸時代の学びの場について考えてみましょう。

武士階級の子どもたちは藩校や郷学（ごうがく）と呼ばれる施設で主に漢文（特に四書五経）を中心に教養を学びました。なお、郷学のなかには領民の子どもたちが学ぶことができるところもありました。幕府も昌平坂学問所（しょうへいざかがくもんじょ）（昌平黌（しょうへいこう））など、公的な学びの場を作ります。

一方、農村や町中（まちなか）に住む庶民の多くは寺子屋（手習い所）で、仮名文字を中心とした読み書きや、そろばんでの計算を、武士（あるいは浪人）や僧侶、師匠（女性もいました）らから教授されていました。このシステムが、江戸時代における識字率の向上につながっていったのでした。

また私塾*9と呼ばれる学識経験者が学問を広める塾を開き、武士階級の人だけでなく庶民のなかからもそこで学びを深める人たちが出てくるようになりました。

国家としての統一された学校制度というものはなかったのですが、このように庶民の間でもさらに上の学問を目指す人たちが増えていきます。それぞれが、明治維新以降の学校制度の基盤につながっていくことになります。

4. 海外からの刺激を受けて

当時の日本は鎖国状態で海外との交易は限られ、今日のように簡単に海外の情報は入ってきませんでした。そのような状況のなかでも、p.161 の表12－1で紹介した大原左金吾など海外の情報を得て外国の脅威に警鐘を鳴らす人々などが出現します。このような民間の学者の存在が、明治維新を生み出した原動力のひとつだとも言われています*10。

もちろん幕府の執政や各藩の藩主のなかにもさまざまな経路から、海外の

---

*9　幕府や藩が設置した教育機関とは違って一定の枠にはまらず、塾の指導者（塾主）の人格、専門性や教養などと学ぶ人たちの自発性が基盤となって発展した教育機関です。江戸時代中期から後期に多くの私塾が生まれました。特に幕末には活発な活動が見られ、多くの有能な人材を世に送り出しています。明治以降もたとえば、緒方洪庵の適塾（適々斎塾）は今の大阪大学医学部の前身になり、門下生だった福澤諭吉が開いた福澤塾は、慶應義塾大学になっているような例もあります。

*10　多くの学者が「幼院」という海外の施設について、その重要性と必要性を各々の著書のなかで述べています。施設の目的は、①貧民救済の慈善的施設、②養育に公的な機関・国家が関わっている、③保護施設だけでなく子どもの教育面にも留意した施設でした。
また、1773（安永2）年、フレーベルより70年早く戯作者の永井堂亀友（ながいどうきゆう）はその著書『小児養育気質（しょうにそだてかたぎ）』のなかで、布袋屋徳右衛門（幻心）という大阪の商人が隠居し、京都の自宅に3歳から8歳くらいの子どもたちを呼んで遊んでいる様子を描いています。

保育施設に関する知識を得て開明的な思想をもつ人々も存在しました。さらには、保育施設の設立を構想する藩主も出現していました[*11]。

*11 江戸時代末期（天保15（1844）年ごろ）、岡山県の津山藩藩主・松平斉民（まつだいらなりたみ）は当時のロシアの政策に養生院（高齢者や弱者のための施設）と育子院（堕胎・間引き防止の施設）があることを知り、それをモデルにして育子院設立の計画を町奉行に命じました。しかし、残念ながら実現はされませんでした。

第3節　明治時代から昭和20年（終戦）までの保育

1. 近代保育・教育思想のはじまり

　明治維新によって260年間続いた徳川幕府の時代は終わり、世界に通用する近代国家を目指す新たな政府が誕生します。そこで必要になってくるもののひとつが労働力人口の獲得です。しかし近代国家を目指す明治時代に入ってからも、捨て子（棄児）や間引き、堕胎がなくなったわけではありません。そこで政府は、対応策としてさまざまな法令を出します。
・1871（明治4）年4月：「戸籍法」（人口の調査をする法律）「壬申戸籍」。
・同年6月：「棄子養育米給与方」（子ども保護の始まりとなる法律）。
・1874（明治7）年12月：「恤救規則」（生活困窮者を救う目的の法律として、1931（昭和6）年まで存続）。

　さらに富国強兵政策のために、制度としての教育が必要となってきます。やがて1872（明治5）年、「学制」が公布されます。これは、フランスの学制に習った全国統一的な学校の概念を織り込んでいて、学校制度の確立、つまり学齢期からの学校教育を確立しました。そこには6歳以上の子どもたちが皆入学する小学校（国民皆学：義務教育）の考え方が示されます。そして、就学前の子どもたちの教育の重要性として、幼稚小学、つまり就学前、6歳までの子どもたちのための教育の必要性が思想として示されました。しかし、名前は出ていますが、残念ながらまだ実現には至りませんでした。

2. 東京女子師範学校附属幼稚園の誕生

　公的な就学前の教育が誕生するまでには、1871（明治4）年、アメリカの婦人宣教師が横浜に設立した幼児教育施設、亜米利加夫人教授所や1875（明治8）年、京都幼穉遊嬉場（柳池幼稚園）などが生まれていますが、すぐに閉鎖されました。

ふりかえりメモ：

そのようななか、ようやく1876（明治9）年、東京女子師範学校附属幼稚園（現・お茶の水女子大学附属幼稚園）が日本で初めての幼稚園として開園します。初代監事（園長）は関信三、保姆(ほぼ)として、フレーベルの設立した

東京女子師範学校附属幼稚園で行われていた保育の様子と、実際に使われていた恩物などです。

幼稚鳩巣戯劇之圖（ようちきゅうそうぎげきのず）（複製）

原画は大阪市立愛珠（あいしゅ）幼稚園所蔵。東京女子師範学校附属幼稚園の開園当時の保育の様子を描いたもの。主席保姆の松野クララや保姆の豊田芙雄らの姿もある。

第一恩物（六球法）

第二恩物（三体法）

第七恩物（置板法）

恩物用の机

※絵と写真はすべてお茶の水女子大学所蔵

養成学校で学んだ松野クララや豊田芙雄がいました。教材・教具としてフレーベルが開発した「恩物」を使って保育をしていました。本章の p.158 の図の子どもたちは、この「恩物」を使っているところです。

3. 子守学校、貧民幼稚園の誕生

こうして、ようやく近代的な学校制度がスタートしました。しかし、政府が目指す「国民皆学（すべての国民が学校で学ぶこと）」にはまだ道のりは遠い状態でした。その原因のひとつに、両親が忙しく働くなか、学齢期の子どもたちの多くは幼い弟妹の子守をしなければならなかったことが挙げられます。

そのような貧困家庭のために渡辺嘉重は 1883（明治16）年、茨城県小山村（現・岩井市）に子守学校を設立しました。また、赤沢鍾美・なか（仲子）夫妻は、自ら経営していた私塾に 1890（明治23）年、新潟静修学校附設託児所を設立し、幼い弟妹たちがいる子どもたちも授業を受けられるようにしたのです（後に 1908（明治41）年、守弧扶独幼稚児保護会と改名し現在も存続しています）。

また、当時の幼稚園は保育料も高く、一部の豊かな人々の子どもたちしか通うことのできない存在でした。そこで、華族女学校附属幼稚園で保姆をしていた野口幽香と森島峰は、1900（明治33）年、貧困家庭のために貧民幼稚園といわれる二葉幼稚園（後の二葉保育園）を開園することになります。

やがて、明治時代後半から、工場が増加し、女性も重要な働き手としてみなされるようになったため、彼女たちの子どもを預かる工場附設託児所も設立されるようになります。児童福祉の父・石井十次は 1887（明治20）年、岡山市に孤児教育会（後の岡山孤児院）を創設し、1909（明治42）年、大阪市には愛染橋保育所を設立します。また、石井の支援者だった実業家の大原孫三郎も後（大正の末期）に倉敷に保育所を設立しています。

また、明治時代の半ばからは「農繁期託児所」と呼ばれる臨時の保育施設も登場します。農繁期（田植えや稲刈りなどの農家が忙しい時季）に乳幼児の保護のために寺院の本堂などを利用して営まれました。

4. 幼児教育の進展の時期

さて、日本に幼稚園ができて 40 年あまりの 1917（大正6）年、大正期から昭和の 20 年代にかけて日本の幼児教育界をけん引し、後に日本のフレーベルと呼ばれた倉橋惣三*12 は東京女子高等師範学校附属幼稚園主事に就任します。

*12
旧制第一高等学校から東京帝国大学に進学、哲学（児童心理・教育学）を学び、1917（大正6）年、東京女子高等師範学校教授、同附属幼稚園主事となりました。

倉橋は、子どもの心に寄り添うことを信条とし、子どもの生活に寄り添うこと、幼児にとっては主体的な生活（遊び）そのものが教育なのだ、という誘導保育論を打ち立てました（「生活を、生活で、生活へ」p.159 参照）。倉橋は後の昭和時代まで活躍し、日本の保育に大きな影響を及ぼしました。

その児童中心主義といわれた倉橋に対して、社会中心主義と言われる城戸幡太郎[*13]がいます。1924（大正13）年、法政大学教授に就任した城戸は、社会改革派のイギリスのオウエンの影響を受けています。

このように明治時代末期、大正時代から昭和時代の初めにかけては、大正デモクラシーなどの背景もあり、保育の理論化が進んだ時代でした。それにともない、幼稚園保姆の研修・講習会も全国で開催され、スキルアップ、ステップアップが図られた時代でもあったのでした。やがて大正時代の終わり1926（大正15）年、幼稚園令・同施行規則が公布され、幼稚園教育に新しい時代がやってきました。

> *13
> 東京帝国大学を卒業後、幼児教育・障害児教育から大学教育に至るまで広く活躍した心理学・教育学者。1936（昭和11）年、現在も続く『保育問題研究会（現・全国保育問題研究協議会）』を組織しました。

5. 長い戦争の時代に入って…

日中戦争に突入した1937（昭和12）年に母子保護法が制定され、児童の養育は国家的要請として位置づけられることになりました。

翌1938（昭和13）年、内務省から独立して厚生省が誕生します。政策として、健康の維持、増進を図り生活を豊かにするといった、今までの貧困救済からの転換が図られることになったのです。戦争の激化は、多くの男性を戦地へ送り込み、あるいは軍需工場での労働へと駆り出されたりしました。さらに女性も同様に工場労働などに駆り出されることになりました。そこで託児所（常設の保育所）の増設が、厚生省によって国の施策として進んでいきます。さらに男性を兵役や軍需工場の労働力として取られた農村などにおいても、農繁期託児所（臨時託児所）の増設が進められます。

やがて戦争は激化し、多くの都市は爆撃の対象となり、空襲が激しくなってきます。そこで、1944（昭和19）年からは幼稚園の保育事業の休止や、1945（昭和20）年からは都市部から逃れる疎開保育が始まりました。

保育も戦争とは無縁ではいられませんでした。先人たちの築いてきた平和に感謝しましょう。

第4節　昭和20年8月15日から

終戦を迎えて〜新たな時代への旅立ち

1945（昭和20）年8月15日、終戦を迎えた日本には、ようやく平和な

第12章「日本の保育思想と歴史」とつながる

時代が訪れます。1947（昭和22）年、保育分野では児童福祉法が公布され、保育所に関する規定が出されました。教育の分野では、1947（昭和22）年、教育基本法、学校教育法が公布され、幼稚園が学校教育機関として新たに発足します。そのため、小学校の学習指導要領にあたる、保育内容の基準の作成が急がれることになりました。

やがて、1949（昭和24）年、『保育要領－幼児教育の手びき－』としてまとめられ、文部省から出されることになったのです。『保育要領』では、「幼児の保育内容－楽しい幼児の経験」として、「見学」「リズム」「休息」「自由遊び」「音楽」「お話」「絵画」「制作」「自然観察」「ごっこ遊び・劇遊び・人形芝居」「健康保育」「年中行事」の12の保育内容を掲げています。これらは後の幼稚園教育要領、保育所保育指針の6領域につながっていきます。また、その内容を見ると、幼稚園だけでなく保育所や家庭での幼児の生活にも目を向けています。

しかしながら、「保育所は児童福祉施設」「幼稚園は教育施設」という考え方から、厚生省は1950（昭和25）年独自に『保育所運営要領』を発刊し、次いで1952（昭和27）年、『保育指針』を発刊しました。また、文部省は1956（昭和31）年、『幼稚園教育要領』を発刊し、二元化がスタートします。さらに1963（昭和38）年、厚生省と文部省の連名通達「幼稚園と保育所との関係について」が出され「幼稚園は、幼児に対し、学校教育を施すことを目的とし」「保育所は、「保育に欠ける児童」の保育を行うことを目的とする」と幼保の二元化が明言されました。一方で、この通達において3歳以上児の保育内容（当時は6領域）は、幼保共通することが定められており、現在まで続いています。

 演習課題

●日本の保育思想の歴史を駆け足でたどってきました。そのなかから、現在の保育・幼児教育とつながるものが、みなさんには、見えてきたでしょうか？

ホップ　まず、日本の保育思想の流れについて振り返ってみて、大事だと思うトピックやキーワードを各節から5つずつ箇条書きにしてみましょう。

ステップ　「ホップ」であなたが考えたことや気づいたことを、グループで話し合ってみましょう。

....

....

....

ジャンプ　「ステップ」で話し合った内容を、文章や図にまとめて「見える化」(可視化)してみて、発表をしてみましょう。

....

....

....

【参考文献】
鬼頭宏著『人口から読む日本の歴史』講談社　2000年
湯川嘉津美著『日本幼稚園成立史の研究』風間書房　2001年
山鹿素行著『山鹿語類』
貝原益軒『和俗童子訓』
佐藤信淵著『垂統秘録』
永井堂亀友著『小児養育気質』
文部省編『幼稚園教育百年史』ひかりのくに　1979年
日本保育協会編『日本幼児保育史』第四巻　フレーベル館　1971年

第12章「日本の保育思想と歴史」とつながる

> **コラム** ホイクのツボ④
>
> ## 制服はなんのためにあるの？
>
>
>
> 　保育所保育指針等では、子どもの主体性や豊かな感性を育てることが述べられています。それらから考えて、子どもにとって「制服」の必要性とはなにかを少し考えてみましょう。
>
> 　学生にこの質問を投げかけると、「園外保育のときに自分の園の子どもをすぐにわかる」「どこかで迷子になりかけても周囲の人からわかりやすい」と安全対策の１つとして有効という回答が多く挙がりました。
>
> 　しかし、それならば毎日制服を着用しなくてもいいのでは？ 園外保育のときに園児共通のスモック着用でいいのでは？ という疑問もわいてきます。そこで学生に、そもそも制服がもっているメリットはなにかを尋ねてみたところ、回答をすらすらと挙げてくれました。「毎日、なにを着たらいいか考えなくていい」「みんな同じでいい」「毎日洗わなくていい」と。さらに続けて、「これらは誰中心の発想？」と尋ねると、「親」と返答がありました。本来、保育の中心は子どもです。では、子どもにとっての制服のメリットはなんでしょうか。
>
> 　ちなみに、制服導入以前、日本では児童・生徒・学生は明治までは着物が主流でした。しかし、生活するなかで着物だと裾が乱れたり、着崩れしたりして動くには適しておらず、袴をはいて中等教育・高等教育の学校に行く生徒や学生が増えました。さらに、日本が洋服を導入したことで動きやすい制服を学校に導入したという経緯があります。当時、イギリスのケンブリッジ校など私学の一流校では制服を着用しており、それをまねたのです。
>
> 　このように、制服導入理由の１つ目は、運動性を図るためでした。２つ目の理由は、みな同じものを着て経済格差を目立たなくするためでした。３つ目の理由は、他校と識別するために異なる制服のデザインがなされました（この識別が後にいわゆるブランドに高まっていきます）。とくに、女子生徒・学生からは、ファッションとしての憧れから制服要望が高まり、学校もブランド宣伝として活用するために導入していったのです。
>
> 　さて、先の問いに戻りますが、フレーベルや倉橋惣三をはじめとした幼児教育者たちが述べている「子ども中心の保育」の観点から見ると、制服の必要性をあなたは、どのように考えますか。

第13章
「保育の現状と課題」とつながる

エクササイズ　　自由にイメージしてみてください

世界のなかで質の高い保育を行っている国はどこだと思いますか？

第13章 「保育の現状と課題」とつながる

この章のまとめ！

学びのロードマップ

- 第1節　海外の保育の現状と課題について学びます。海外においても、保育の量的拡充と質の向上が課題となっています。
- 第2節　日本の保育の現状と課題を確認します。子ども・子育て支援新制度や幼保の一元化、こども家庭庁やこども基本法について考えます。

この章の なるほど キーワード

■「**非認知能力**」…忍耐力や社会性など幅広い力や姿勢を含み、学歴や仕事など将来の成功の支えとなるものとして、幼児期からの育成の重要性が世界的に注目されています。

海外の研究で注目された言葉です。わが国では、幼児教育において育みたい「資質・能力」のうちの「学びに向かう力、人間性等」や、5領域のなかの「心情・意欲・態度」として示されています。

第1節　世界の保育の現状と課題

1．世界における保育

世界の幼児教育・保育を見てみよう

（1）諸外国における幼児教育・保育の制度

1．諸外国における幼児教育・保育の現状

諸外国でも、各国の家庭・社会の状況を踏まえた幼児教育・保育の制度・カリキュラムが実施されています。しくみの面ではフィンランド、スウェーデン、フランスは似ていますが、教育内容においてフランスはイングランド、アメリカと近く、就学準備が制度化されている国だと言えます。韓国・ドイツは、幼児教育と保育を施設・教育内容において共通させようと試みていることがわかります。

フィンランド	保育・幼児教育のしくみ	・0～5歳：自治体・民間保育・家庭保育サービス ・6歳：エシコウル（就学前教育）　・7歳～：義務教育
	就学前教育の実態・特徴	エシコウルは保育教師と保育士の2名体制にて行われる。クラス規模は教師1名につき上限13名。ほとんどの児童がエシコウルに通う。 エシコウルでは、子どもの主体性を尊重し、共通の活動のほか、個々人の興味・関心に沿って小グループで活動する時間がある。成長・発展及び学習の前提となる能力を向上させることを重視する。
	制度・カリキュラム	政策分野では、0～5歳は福祉、エシコウルは教育となり、年齢で階層化されている。保育・就学前教育ともに国家カリキュラムがあるが、これらを生涯学習の一部としてとらえることが特徴。
スウェーデン	保育・幼児教育のしくみ	・1～5歳：プリスクール（幼稚園）　・6歳：プリスクール・クラス ・7歳～：義務教育
	就学前教育の実態・特徴	プリスクールの主たる役割が教育か保育かで議論されており、近年改訂されたプリスクール・カリキュラムでは、言語・コミュニケーション・数的思考等の学習的側面も取り入れられている。一方、近年では初等教育以降に用いられた「ラーニング・スタディ」という考え方が導入され、遊びのなかで発達を促しながら、知識の習得と向上を促す活動が行われている。
	制度・カリキュラム	保育園と幼稚園は1990年代後半に統合され、政策分野は教育に一元化されている。主たるサービス提供は地方自治体に委ねられている。
オランダ	保育・幼児教育のしくみ	・0～3歳：保育園　・2歳半～3歳：プレイグループ・早期教育（VVE） ・4歳～：基礎学校（小学校） ※義務教育は5歳以降、4～5歳が幼児クラス
	幼児クラスの教育の実態・特徴	基礎学校では、基礎学校3年生以上の教育への準備を行うための教育（就学準備型教育）がなされている。背景には、過去に基礎学校1年生での留年が問題視されたことが挙げられる。「ピラミッド・メソッド」「カレイドスコープ」などの規格化された手法が採用され、就学準備を目的としているが、いずれも子どもの主体的な活動が中心となる。
	制度・カリキュラム	政策分野では、保育は福祉、学校は教育と二元化されている。2005年にチャイルドケア法が児童福祉法として初めて成立し、保育の充実が図られた。
ドイツ	保育・幼児教育のしくみ	・0～2歳：保育園　・3～5歳：幼稚園　※幼保一体型施設有 ・6歳～：義務教育
	就学前教育の実態・特徴	PISAテストの結果が低かったことから2000年代に教育改革が行われ、就学前教育からの言語能力の獲得、保育・幼児教育と学校教育との接続について検討された。結果、各年齢において獲得すべき能力が設定された。一方、教育とケアにくわえ、「陶冶」（人格形成に向けた知識・能力の習得）が重視され、子ども中心のアプローチも根強い。
	制度・カリキュラム	連邦制をとっており、保育施設等の規定は法律で定めるが、保育・幼児教育の内容は州政府（国内に16有）に委ねられている。

幼保一体型への志向

172

第13章「保育の現状と課題」とつながる

就学準備型	イングランド	保育・幼児教育のしくみ	・0～4歳：ケアサービス　・3～4歳：親の希望に応じて幼児教育 ・5歳～：義務教育
		就学前教育の実態・特徴	すべての施設で、「ナショナル・カリキュラム」の一環として0～5歳児の「学びと発達」「ケア」の指針を定める「乳幼児基礎段階」（EYFS）に沿った活動が行われる。EYFSには、コミュニケーション、運動、社会性、読み書き、数的思考、表現、環境への関心という各領域において、5歳までに習得すべき目標が示され、それに沿った教育活動が行われる。
		制度・カリキュラム	政策分野は教育だが、子ども・家族サービスに関して横断的な事業推進を担う独自の組織（シュアスタート局）がある。一方、評価は別組織（教育水準局）が行う。
就学準備型	アメリカ	保育・幼児教育のしくみ	・0～4歳：低所得者向け早期教育（ヘッドスタート） ・0～4歳：民間保育サービス ・4～5歳：（プレ）キンダーガーテン（就学前教育） ・6歳～：義務教育（州によって異なる場合有）
		就学前教育の実態・特徴	階層間格差・貧困対策として、1960年代から貧困層の児童及び保護者に対する教育・支援プログラムとしてヘッドスタート事業を行い、低所得層の社会的統合を目指す。一方、広く一般にも「落ちこぼれゼロ」（NCBL）政策の一環として「よいスタート、賢い育ち」（GSGS）プロジェクトがあり、キンダーガーテン入学時に必要とされる能力を想定し、3～5歳児の言語、認知、読みを教育し、週単位で達成度合いを把握することが始められた。
		制度・カリキュラム	主として社会保障政策にあたる。保育は民間。
就学準備型	フランス	保育・幼児教育のしくみ	・0～2歳：保育所　・3～5歳：エコール・マテルネル ・6歳～：義務教育
		就学前教育の実態・特徴	ほぼすべての子どもがエコール・マテルネルに通う。この点でユニバーサルな保育サービスとも言えるが、活動内容は就学準備のための教育機関の性格が強い。教育課程においてはエコール・マテルネルと小学校（6～10歳）が一体的にとらえられ、学習指導要領では、言語、読み書き、運動、環境への関心、創造性のほか、「生徒になる」という項目において学校での規範を学ぶことが明記された。
		制度・カリキュラム	0～2歳は福祉、3歳以上は教育と年齢で階層化されている。エコール・マテリアルのカリキュラムや評価は教育省に委ねられている。
幼保一体型への志向	韓国	保育・幼児教育のしくみ	・0～5歳：オリニジップ（保育所）　・3～5歳：幼稚園 ・6歳～：義務教育　※3～12歳に民間の教育機関ハゴン（学院）がある
		就学前教育の実態・特徴	経済的に豊かな家庭が早期教育になり、幼稚園の競争も激しくなるなか、低所得層の子どもの教育機会が問題視されるようになる。それに対して、ヘッドスタート（アメリカ）に近い「希望スタートプログラム」が開始されたほか、近年では幼保共通のカリキュラム「ヌリ課程」（3～5歳児対象）が導入され、園ごとの質をそろえる努力がなされている。
		制度・カリキュラム	幼稚園は教育、オリニジップは福祉と二元化されている。統一カリキュラムとなるヌリ課程は教育管轄となっている。

参考資料：泉千勢『未来への学力と日本の教育9　世界の幼児教育・保育改革と学力』（明石書店）、庄井良信『未来への学力と日本の教育3　フィンランドに学ぶ教育と学力』（明石書店）、フランス教育学会『フランス教育の伝統と革新』（大学教育出版）
出典：世田谷区幼児教育・保育推進ビジョン策定委員会資料「国外の先進事例」（平成28年6月作成）
http://www.city.setagaya.lg.jp/kurashi/107/162/805/d00147538_d/fil/siryou4-2.pdf

2．諸外国における特徴的な幼児教育・保育の実践・制度

諸外国の実践・制度は、レッジョ・エミリアに代表される「ホリスティック・アプローチ」とエコール・マテルネルに代表される「就学準備アプローチ」を両端に置くと、前者をカリキュラム化したものが「ピラミッド・メソッド」、後者については「ナショナルカリキュラム」が例に挙げられます。その間に幼保をつなげる活動・カリキュラムであるテ・ファリキ、ヌリ課程、ＫＩＴＡなどを位置づけ、日本の幼児教育・保育を検討する見取り図として整理しました。

①ホリスティック・アプローチ
生涯学習の基盤として幼児期を位置づけ、ケア・養育・教育に対して包括的なアプローチをとる幼児教育

レッジョ・エミリア（イタリア）	概要	イタリアのレッジョ・エミリア市において独自に発展した幼児教育手法。0～2歳が通う乳児保育所と3～6歳が通う幼児学校にて実践される。
	活動における特徴	子どもたちは小グループに分かれ、中長期的な期間をかけてグループで創造的な活動（プロジェッタツィオーネ）を行う。活動は子どもたちが話し合って選択する。それらグループは、教育の専門家（ペダゴジスタ）と美術の専門家（アトリエリスタ）が保育者としてチームを組んで進行される。子どもたちの活動の様子は保育者によって記録され、保護者や市民に公開・議論され、その内容が教育・活動へフィードバックされる。
ピラミッド・メソッド（オランダ）	概要	1994年に開発され、オランダの幼児教育が共通して採用する教育手法。自分で選択して決断できる力を養うことを重視する。
	活動における特徴	活動は、①子どもの自主性（やる気）にもとづき、②保育者の積極的なサポートが行われる。この関係を築くため、③子どもと保育者のあいだに心理的な愛着を育むこと（養護の基礎）、④子どもの発達にあわせて学ぶ対象との距離を広げること（教育的な基礎）を活動原理としている。レッジョ・エミリアと同じく「プロジェクト」という活動単位を持ち、個性・情緒・知覚・言葉・思考・空間と時間の理解・運動・芸術という8つの発達領域にまたがる教育を行う。※活動内容はホリスティック・アプローチだが、目標設定は学習達成度にもとづく就学準備型に近い

②幼保一元化の動き
年齢別ないしは制度別に二元化されたしくみを解消することを目的とした幼保一元化の動き

幼稚園・保育園一体型ＫＩＴＡ（ドイツ）	概要	幼稚園と保育園（さらに学童保育）を一体化した、0～5歳までの子どもが通う複合型幼児教育施設。都市部にみられ、特にベルリンではＫＩＴＡへと統合されている。
	活動における特徴	活動は施設ごとに違いがあるが、共通して「教育施設」と位置づけ、言語支援や学校との連携が目指されている。異年齢の子どもが同居しながら学ぶことができることが長所だととらえられている。
テ・ファリキ（ニュージーランド）	概要	1996年に制定された、0歳から就学までの全乳幼児施設に共通するナショナル・カリキュラム。
	カリキュラムの特徴	知識・能力にもとづく発達段階をカリキュラム化するのではなく、育ちや学びにおける文化・社会的文脈が重視される（4原則：エンパワメント・全体的発達・家族とコミュニティ・関係性）。理念的な内容であることから、各保育施設の地域特性や子ども一人一人の個性を反映しやすいと言われる。同時に、心身の健康・所属感・貢献・コミュニケーション・探究というテ・ファリキの5つの要素を視点として子どもの経験を評価する手法「ラーニング・ストーリー」も開発・運用されている。
ヌリ課程（韓国）	概要	2012年に5歳児を対象に始められた、全人教育と創造性育成を二本柱にした幼保一元型カリキュラム。2013年には3歳児にまで拡張。
	カリキュラムの特徴	幼稚園とオリニジップ（保育園）がともに依拠するカリキュラムとして、①特性の育成、②自国文化の理解、③創造性の育成、④小学校との連携、⑤主体的経験と遊び中心の統合教育を基本的な方向とする。韓国では、カリキュラムのほか、教師養成の一元化、財政支援システムの統合についても検討されており、カリキュラムが万全に運用できるような政策が進められている。

③就学準備アプローチ
就学準備や「学校へのレディネス（readiness for school）」を重視するタイプの幼児教育

ヘッド・スタート（アメリカ）	概要	貧困の連鎖を解消するため、低所得層の幼児に対する補償教育プログラムと保護者に対するエンパワメントを行う二重の構造をもったプログラム。1965年当初は3～4歳だった対象が、0～2歳児へと展開されている。
	活動における特徴	子どもの認知・情緒・身体的な総合的な発達を支援するほか、読み書き、数的思考、言語能力を向上させることを目的としている。そのほか、保護者の育児スキルや医療・健康サービスへのアクセスなどの子育てすべての健全化を図るプログラムでもある。就学のための学力よりも、就学に向けて家庭全体を厚生しようとするプログラムと言える。 ※効果に関する調査は行われているが、効果（IQの向上）が徐々に失われる等、効果への疑義が示されている
エコール・マテルネル（フランス）	概要	19世紀末に制度が創設され、現在は小学校への接続を強く意識したものとなっている。義務教育課程ではないが、無償であるため3歳になるとほぼ全員が就学する。
	活動における特徴	国が定める学習指導要領では、①言語力を身につける、②文字表現を発見する、③生徒になる、④身体を用いて動き、表現する、⑤世界を発見する、⑥知覚する、感じる、想像する、つくるの6つの領域が設定され、各領域で、保育学校終了時に習得すべき能力が明示されている。上記要領は2008年に改訂されたものだが、改訂前よりも小学校との接続がより意識されている。
乳幼児基礎段階 EYFS（イングランド）	概要	義務教育段階（5歳以降）の各年齢段階におけるナショナル・カリキュラムを見すえ、未就学児を義務教育へと円滑に接続することを目的としたカリキュラム。3～4歳を対象としている。
	カリキュラムの特徴	2002年の策定後、2012年に改訂されている。改訂では、学習目標が絞り込まれ、コミュニケーションと言語、身体的発達、自己認識、感情、社会性の発達という3点が特に重視された。特に、5～6歳の年齢段階が意識され、英語の読み書き、数的思考、環境の理解、表現芸術とデザインの4つの特定領域に重点が置かれた。重視される3点と4つの特定領域については学習目標（ELG）が設定され、それに即して子どもの活動をプロファイリングすることで評価が行われるようになっている。

参考資料：泉千勢『未来への学力と日本の教育9 世界の幼児教育・保育改革と学力』（明石書店）、フランス教育学会『フランス教育の伝統と革新』（大学教育出版）、ワタリウム美術館編『驚くべき世界 レッジョ・エミリアの幼児教育』（アクセス）
出典：世田谷区幼児教育・保育推進ビジョン策定委員会資料「国外の先進事例」（平成28年6月作成）
http://www.city.setagaya.lg.jp/kurashi/107/162/805/d00147538_d/fil/siryou4-2.pdf

（2）世界における保育の課題

　世界における保育の関心や課題として、大きく以下の3つが考えられます。

　1点目は、保育システムの統合化や改革に関する課題であり、就学前の幼児教育・保育の制度の一元化は、世界的な動向になっています。先進国の中で、同じ年齢の子どもの集団教育としての保育の管轄省庁が分断している国は、アメリカ、韓国、日本等と少なくなってきました。

　2点目は、幼児教育・保育の量的拡大とアクセス（保育の機会の提供）の問題です。幼児教育・保育を等しく受ける機会が保障されているかという点で、この問題は主に開発途上国の課題になります。

　3点目として、OECD加盟国に代表されるような先進諸国においては、就園率はほぼ高水準で推移しており、アクセス（保育の機会の提供）の問題というよりは、質の向上にその関心が寄せられています。後述するように、質の高い保育を受けられるかどうかが、子どもの将来を左右するといった実証的研究により、質の高い保育を提供するための予算と制度をどのように組み立てるかが課題になっています。

　日本においては、3歳以上児の就園率は高く、2019（令和元）年10月から3歳以上児の幼児教育・保育の無償化が始まりましたが、就学後、大学までの教育費等の負担の重さが少子化の一つの原因とも考えられています。さらに、都市部を中心とした待機児童問題と地方の過疎化は、先進国として矛盾した課題を突きつけられています。このように日本は、幼保一元化（一体化）の課題、教育・保育の量的拡大（待機児童の解消）と質の向上という上記の3つすべての課題を抱えていることになります。今後、同様な課題を抱えている諸外国の動向を参考にしながら、その解決に取り組んでいかなければならない状況にあります。

2. 保育の質の向上

（1）OECDのStarting Strong

　経済協力開発機構（OECD）は、PISA（国際学習到達度調査）をはじめ、さまざまな国際教育比較を行っており、参加各国の教育への関心が高いことで知られています。OECDでは、幼児教育・保育（Early Childhood Education and Care：ECEC）に関して、2001（平成13）年にStarting Strong（「人生の始まりこそ強く」）と題した報告書を刊行し、続けて2006（平成18）年にⅡ、2011（平成23）年にⅢ、2015（平成27）年にⅣ、2017（平成29）年にⅤ、2021（令和3）年にⅥ、2023（令和5）年にはⅦが刊行されています。日本ではⅢの報告書から参加していますが、日本における実情が

各国と比較されながら、保育政策に関する提言がなされています。
　こうしたStarting Strongの一連の報告書においては、経済効果や将来投資等の実証（エビデンス）にもとづいて、幼児教育・保育をとらえた比較政策研究を行っており、保育の質の重要性が論じられています。

（2）社会経済学的な効果

　近年の教育経済学に関する実証的な（エビデンスにもとづく）研究では、人的資本投資の収益率がもっとも高いのは、子どもが小学校に入学する前の就学前教育（幼児教育）であることが示されており、こうした研究の代表的なものとしては、ノーベル経済学賞を受賞したシカゴ大学のヘックマン（Heckman,J.J.）らの研究業績を挙げることができます。

　ヘックマンらは、1960年代から行われ、現在も追跡が続いているアメリカのミシガン州のペリー幼稚園で行われた「ペリー就学前教育プロジェクト」に注目しています。このプロジェクトでは、低所得のアフリカ系アメリカ人の3〜4歳の子どもに「質の高い就学前教育」を実施しました。

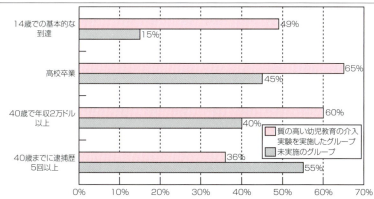

図13-1　ペリー就学前計画の結果

出典：厚生労働省「保育をめぐる現状」
　　（http://www.mhlw.go.jp/file/05-Shingikai-12601000-Seisakutoukatsukan-Sanjikanshitsu_Shakaihoshoutantou/02siryou.pdf）

　具体的には、幼稚園の先生は修士号以上の学位をもつ児童心理学等の専門家に限定、子ども6人を先生一人が担当する少人数制、午前中に約2.5時

間の読み書きや歌などのレッスンを週に5日、2年間受講、1週間につき1.5時間の家庭訪問という非常に手厚い就学前教育が提供されました。そして、このプログラムを提供されたペリー幼稚園入園許可者からランダムに選ばれた58名の子ども（＝処置群）と65人の運悪く入園を許可されなかった子ども（＝対照群）を比較し、その後40年にわたる追跡調査が行われたのです。その結果、図13－1に示すように、処置群の子どもは、対照群と比べて、学歴が高く、雇用や経済的な環境が安定しており、反社会的な行為に及ぶ確率も低いというように、就学前教育が長期にわたって持続するような効果があることがわかりました。

（3）非認知能力（スキル）の育成

　先に紹介した、ペリー就学前教育プログラムにおいては、子どもたちの小学校入学後のIQや学力テストの成績も上昇していましたが、その効果は8歳前後で差がなくなり、効果はごく短期的なものでした。

　このプログラムによって改善されたのは、IQや学力テストで計測される「認知能力」ではなく、「非認知能力（スキル）」と呼ばれるものと考えられており、「忍耐力がある」とか「社会性がある」とか「意欲的である」といった人間の気質や性格的な特徴のようなものをさしています（図13－2）。

　こうした非認知能力の中で、重要だと考えられている能力の一つは「自制心」と考えられています。

学術的な呼称	一般的な呼称
自己認識(Self-perceptions)	自分に対する自信がある、やり抜く力がある
意欲(Motivation)	やる気がある、意欲的である
忍耐力(Perseverance)	忍耐強い、粘り強い、根気がある、気概がある
自制心(Self-control)	意志力が強い、精神力が強い、自制心がある
メタ認知ストラテジー(Metacognitive strategies)	理解度を把握する、自分の状況を把握する
社会的適性(Social competencies)	リーダーシップがある、社会性がある
回復力と対処能力(Resilience and coping)	すぐに立ち直る、うまく対応する
創造性(Creativity)	創造性に富む、工夫する
性格的な特性(Big5)	神経質、外交的、好奇心が強い、協調性がある、誠実

図13－2　非認知能力とは何か

出典：中室牧子『「学力」の経済学』ディスカバー・トゥエンティワン　2015年　p.87

第13章「保育の現状と課題」とつながる

　コロンビア大学の心理学者ミシェル（Mischel）は、当時勤務していたスタンフォード大学内の保育園で4歳児を対象に、「マシュマロ実験」と呼ばれる方法で自制心を計測しました。

　子どもにマシュマロを差し出し、「いつ食べてもいいけれども、大人が部屋に戻ってくるまで我慢できればマシュマロを2つ食べられますよ」とだけ伝えて部屋を退出します（この時点で大人がいつ戻ってくるかは、子どもにはわかりません）。部屋を出て15分後に大人が戻ってきます。

　この結果、実験に参加した約3分の1の子どもは15分我慢してマシュマロを2つ手にすることができましたが、残りの3分の2の子どもはマシュマロを食べてしまいました。追跡調査した結果では、高校生の時点で我慢できた子どものほうが大学進学適性試験（SAT）の得点が高いという結果が得られています（図13－3）。

米国(Peak,Heble,& Mischel,2002;Schlam et al.,2013;Casey et al.,2011)調査

満足の遅延実験に参加した子どもたちの追跡調査
(4歳でマシュマロ課題(N=164)⇒44歳まで追跡)

自己の行動と感情を調整する側面
・マシュマロ課題
⇒幼児期の「我慢する」能力や方略を調べるテスト
⇒目の前のマシュマロ1つもらうか、それを我慢して後でマシュマロを2つもらうか
⇒1つもらう子ども＝我慢できない子ども
　2つもらう子ども＝我慢できる子ども

4歳	10歳	17歳	20歳	39歳
マシュマロ課題で我慢できた子供たち	言語の流暢さ、合理的な思考、注意力、計画性、フラストレーションへの優れた対処の仕方	大学進学適性試験(SAT)の得点が高い	社会的能力、優れた自己制御能力、高い自尊心	身体測定 低いBMI
我慢できなかった子供たち	上記能力が相対的に低い	SAT:低い 210pointの差	上記が相対的に低い	高いBMI

図13－3　マシュマロ実験の結果

出典：厚生労働省「保育をめぐる現状」
　　　（http://www.mhlw.go.jp/file/05-Shingikai-12601000-Seisakutoukatsukan-Sanjikanshitsu_Shakaihoshoutantou/02siryou.pdf）

　こうした非認知能力（スキル）は、OECDでは「社会情動的スキル」と言い表されています。わが国の教育再生実行会議では、幼児教育の無償化や幼児教育アドバイザーの導入などさまざまな議論が進められていますが、非認知能力の育成は中心的なテーマの一つになっています。

179

3. 注目されている保育実践

　OECD（2004年）では、質の高い保育の成功例として、イタリアのレッジョ・エミリア、アメリカのハイ・スコープ、スウェーデン、ベルギーのフランダース地方、ニュージーランドのテ・ファリキの5つのカリキュラムを取りあげています。ここでは、イタリアのレッジョ・エミリアとニュージーランドのテ・ファリキを紹介していきます。

（1）イタリアのレッジョ・エミリア

　人口約14万人弱の北イタリアの都市であるレッジョ・エミリアにおける保育実践は、ローリス・マラグッチ（Loris Malaguzzi,1920-1994）の教育思想にもとづいて、芸術をもとにしながら子どもとともに創りあげている保育です。マラグッチは、子どもを表現する存在ととらえ、子どもには100の言葉があるとして、その可能性を最大限に伸ばそうとしたのです。

　ここでの保育の質の高さの要因の1つは、アトリエリスタ（芸術専門官）とペダゴジスタ（教育専門官）との協同で活動が成り立っていることにあり、専門性の高い教師陣のもとで、子どものイメージを最大限に引き出した結果としての総合的プロジェクト活動が行われています。

日本でもドキュメンテーションが取り入れられています

　レッジョ・エミリアにおいては、保育者は良い記録者でなければならず、実践においては、記録＝ドキュメンテーションはもっとも重要な要素の一つになっています。ドキュメンテーションとは子どものプロジェクトと進行中の活動を、言葉、描画、写真、ビデオなどを通して記録するものであり、プロジェクトや活動がどのように始まり、その途中でどのような経過を経て、最終的にどのような成果物となっていったのかが視覚的にも文章としても豊かに記録されているものになります。

　レッジョ・エミリアの実践が国際的に注目を浴びたのは、このドキュメンテーションの力強さによるものが大きいと考えられ、日本の保育現場の中にも、ドキュメンテーションの考え方を研修や保育計画に取り入れている園や地域の自主的な研究会もあります。レッジョ・エミリアのドキュメンテーションの理念は、日々の保育を可視化して振り返るツールとして有効だと考えられています。

（2）ニュージーランドのテ・ファリキ

　ニュージーランドの幼児教育・保育は、教育省によって1996年に制定された「テ・ファリキ（Te Whariki）」というカリキュラムを基に行われています。「ファリキ」というのは、ニュージーランドの先住民族のマオリの言

葉で、「織物」という意味があります。カリキュラム自体は英語とマオリ語の両言語で出版されており、子どもに先住民、ひいてはさまざまな人や物との共生・共存する社会を目指してほしいという願いが込められています。

テ・ファリキの根本理念には、子どもの学びはホリスティック（全体論的）なものであるということ、社会的・文化的な文脈の中で起きるものであること、そして幼児教育・保育が学びを通して子どもに自ら学び生きる力を与える（エンパワメント）ものであるということが含まれています。

テ・ファリキは、健康・所属感・貢献・探求・コミュニケーションという5つの原理と、全人格的発達・エンパワメント・関係性・家族／コミュニティという4つの領域が織物のように紡がれてできています。これらの原理と領域を念頭に置きながら、総合的な探求活動がメインとなっており、ここでの学びは、対話を重視し、思考力を育てるようなものになっています。

テ・ファリキの策定とともに、評価方法の確立を目指して出されたものに「ケイ・トゥア・オ・テ・パエ（Kei Tua o te Pae：乳幼児保育教育のカリキュラムの評価基準）」があります。このアプローチでは、学びの記録が主な方法として取られています。記録は、語り（Narrative）もしくは物語（Stories）を使用し、子ども一人一人の学びの物語を記録することで、活動の成果が可視化され、子どもがもっている力とその成長を保護者に伝えられるようになっています。この評価法については、「ラーニング・ストーリー」として日本でも紹介されています。

第2節　日本における保育の現状と課題

1. 子ども・子育て支援新制度

（1）制度の概要

「子ども・子育て支援新制度」とは、2012（平成24）年8月に成立した「子ども・子育て支援法」、「認定こども園法の一部改正」、「子ども・子育て支援法及び認定こども園法の一部改正法の施行にともなう関係法律の整備等に関する法律」の子ども・子育て関連3法にもとづき、2015（平成27）年4月からスタートした制度のことをいいます。

この制度は、消費税の引き上げによる社会全体の費用負担をもとに実施されています。内閣府に子ども・子育て本部が設置され、政府の推進体制が一本化されており、子育て支援の政策プロセス等に参画・関与することができるしくみとして、子ども・子育て会議が設置されました。市町村は、地方版

子ども・子育て会議を設置（努力義務）し、地域のニーズにもとづき計画を策定、給付・事業を実施しています。

子ども・子育て支援新制度の概要

	市町村主体			国主体
現物給付	**子どものための教育・保育給付** 認定こども園・幼稚園・保育所・小規模保育等に係る共通の財政支援 **施設型給付費** 認定こども園 0〜5歳 幼保連携型 ※幼保連携型については、認可・指導監督の一本化、学校及び児童福祉施設としての法的位置づけを与える等、制度改善を実施 幼稚園型／保育所型／地方裁量型 幼稚園 3〜5歳／保育所 0〜5歳 ※私立保育所については、児童福祉法第24条により市町村が保育の実施義務を担うことに基づく措置として、委託費を支弁 **地域型保育給付費** 小規模保育、家庭的保育、居宅訪問型保育、事業所内保育	**子育てのための施設等利用給付** 施設型給付を受けない幼稚園、認可外保育施設、預かり保育事業等の利用に係る支援 **施設等利用費** 施設型給付を受けない幼稚園 特別支援学校 預かり保育事業 認可外保育施設等 ・認可外保育施設 ・一時預かり事業 ・病児保育事業 ・子育て援助活動支援事業（ファミリー・サポート・センター事業） ※認定こども園（国立・公立大学法人立）も対象	**地域子ども・子育て支援事業** 地域の実情に応じた子育て支援 ①利用者支援事業 ②延長保育事業 ③実費徴収に係る補足給付を行う事業 ④多様な事業者の参入促進・能力活用事業 ⑤放課後児童健全育成事業 ⑥子育て短期支援事業 ⑦乳児家庭全戸訪問事業 ⑧養育支援訪問事業 ・子どもを守る地域ネットワーク機能強化事業 ⑨地域子育て支援拠点事業 ⑩一時預かり事業 ⑪病児保育事業 ⑫子育て援助活動支援事業（ファミリー・サポート・センター事業） ⑬妊婦健診	**仕事・子育て両立支援事業** 仕事と子育ての両立支援 ・企業主導型保育事業 ⇒事業所内保育を主軸とした企業主導型の多様な就労形態に対応した保育サービスの拡大を支援（整備費、運営費の助成） ・企業主導型ベビーシッター利用者支援事業 ⇒繁忙期の残業や夜勤等の多様な働き方をしている労働者が、低廉な価格でベビーシッター派遣サービスを利用できるよう支援 ・中小企業子ども・子育て支援環境整備事業 ⇒くるみん認定を活用し、育児休業等取得に積極的に取り組む中小企業を支援
現金給付	**児童手当等交付金** 児童手当法等に基づく児童手当、特例給付の給付 0〜3歳未満 15,000円（第3子以降は30,000円） 3歳〜高校生年代まで 10,000円（第3子以降は30,000円）			

図13-4 子ども・子育て支援新制度の概要

出典：内閣府HP「子ども・子育て支援新制度について」令和4年7月を一部改変
https://warp.da.ndl.go.jp/info:ndljp/pid/12772297/www8.cao.go.jp/shoushi/shinseido/outline/pdf/setsumei_p1.pdf

（2）地域子育て支援

　子ども・子育て支援新制度では、地域の実情に応じた子ども・子育て支援を充実させることになりました。第10章においても述べているように、利用者支援、地域子育て支援拠点、放課後児童クラブなどの多くの「地域子ども・子育て支援事業」が行われています（図13-4参照）。

2. こども家庭庁とこども基本法

（1）こども家庭庁の発足

　2021（令和3）年12月21日に閣議決定された「こども政策の新たな推進体制に関する基本方針」では、常にこどもの最善の利益を第一に考え、こどもに関する取組・政策をわが国社会の真ん中に据えて、こどもの視点で、こどもを取り巻くあらゆる環境を視野にいれ、こどもの権利を保障し、こどもを誰一人取り残さず、健やかな成長を社会全体で後押しするという、「こど

もまんなか社会の実現」を最重要コンセプトとして掲げ、そのための新たな司令塔として、こども家庭庁が創設されることになりました。

その後、2022（令和 4）年 6 月 15 日の国会で「こども家庭庁設置法」及び「こども家庭庁設置法の施行に伴う関係法律の整備に関する法律」「こども基本法」が成立し、2023（令和 5）年 4 月 1 日に「こども家庭庁」が発足することになりました。

こども家庭庁では、こうしたこども政策を強力に進めていくための新たな行政組織であり、こどもと家庭の福祉の増進・保健の向上等の支援、こどもの権利利益の擁護を任務としています。

これまで、こども関連の社会課題に対する国の施策は、課題の内容に応じて別々の省庁で行われてきましたが、こども家庭庁は、その司令塔としてこれらのこども政策全体を統括する、いわばリーダー的な存在になります。

こども家庭庁に移管される事務には、内閣府（子ども・子育て本部など）から、認定こども園、少子化対策、子どもの貧困対策、児童手当など、厚生労働省（子ども家庭局など）から、児童虐待防止、ひとり親家庭支援、母子保健、保育所などがあります。

一方、こどもにとって必要不可欠な教育は文部科学省の下で充実させるこ

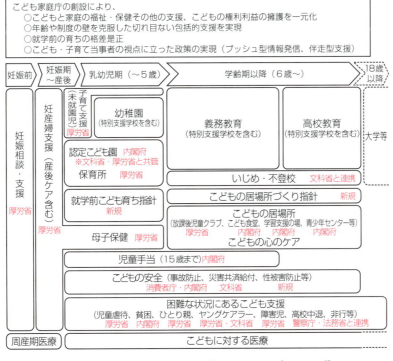

図 13 − 5　こども家庭庁の創設について（イメージ）

出典：内閣府「令和 4 年版 子供・若者白書」
https://www.8.cao.go.jp/youth/whitepaper/r04honpen/s1_3.html

ととし、幼稚園やいじめ対策は、こども家庭庁と文部科学省が密接に連携していくことになっています。

(2) こども基本法

「こども家庭庁設置法」と同時に「こども基本法」が2022（令和4）年6月15日に成立しました。日本は国連総会で採択された「子どもの権利条約」を1994（平成6）年に批准したものの、30年近く経つ現在、児童虐待など「こどもの権利」に抵触する現象が社会問題になっています。にもかかわらず、日本にはこどもに関わるあらゆる場面で、こどもの権利が守られるべきと定める基本の法律がありませんでした。こどもをめぐる問題を抜本的に解決し、養育、教育、保健、医療、福祉等のこどもの権利施策を幅広く、整合性をもって実施するには、こどもの権利に関する国の基本方針、理念及びこどもの権利保障のための原理原則が定められる必要があり、憲法及び国際法上認められるこどもの権利を、包括的に保障する「基本法」という法形式が必要なのです。

こども基本法の基本理念として、次の6点が掲げられており、こどもの人権を尊重すること、こどもの教育と福祉を保障すること、子育てにおいては家庭が第一であることなどが盛り込まれています。

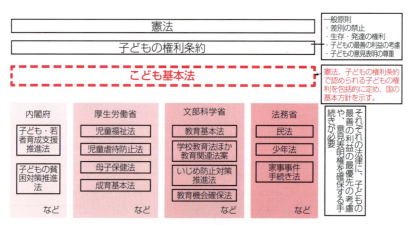

図13-6 こども基本法の位置づけと概念

出典：日本財団「こども基本法 WEB サイト」を一部改変
https://kodomokihonhou.jp/about/

①全てのこどもについて、個人として尊重されること・基本的人権が保障されること・差別的取扱いを受けることがないようにすること
②全てのこどもについて、適切に養育されること・生活を保障されること・愛され保護されること等の福祉に係る権利が等しく保障されるとともに、教育基本法の精神にのっとり教育を受ける機会が等しく与えられること
③全てのこどもについて、年齢及び発達の程度に応じ、自己に直接関係する全ての事項に関して意見を表明する機会・多様な社会的活動に参画する機会が確保されること
④全てのこどもについて、年齢及び発達の程度に応じ、意見の尊重、最善の利益が優先して考慮されること
⑤こどもの養育は家庭を基本として行われ、父母その他の保護者が第一義的責任を有するとの認識の下、十分な養育の支援・家庭での養育が困難なこどもの養育環境の確保
⑥家庭や子育てに夢を持ち、子育てに伴う喜びを実感できる社会環境の整備

（3）こども大綱とこども計画

　2023（令和5）年12月22日、こども基本法に基づき、こども政策を総合的に推進するため、政府全体のこども施策の基本的な方針等を定める「こども大綱」が閣議決定されました。この大綱では、すべてのこども・若者が心身の状況や置かれた環境に関係なく健やかに成長し、将来にわたり幸せに生活ができる「こどもまんなか社会」の実現を目指しています。

　また、こども基本法第10条において、都道府県は、国の大綱を勘案して、都道府県こども計画を作成するよう、また、市町村は、国の大綱と都道府県こども計画を勘案して、市町村こども計画を作成するよう、それぞれ、努力義務が課せられています。

3．子ども・保育に関連する日本の課題

（1）少子高齢化

　第10章でも述べたように、日本の少子化は1970年代以降、進んできましたが、世界の国々ではどうなのでしょうか。

　欧米の主な国の合計特殊出生率の推移をみると、1970年代以降全体として低下傾向でしたが、1990（平成2）年頃からは、出生率が回復する国もみられるようになってきています（図13－7）。

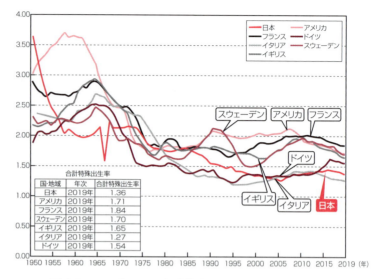

図13-7　主な国の合計特殊出生率の動き（欧米）

出典：内閣府「世界各国の出生率」　http://www8.cao.go.jp/shoushi/shoushika/data/sekai-shusshou.html

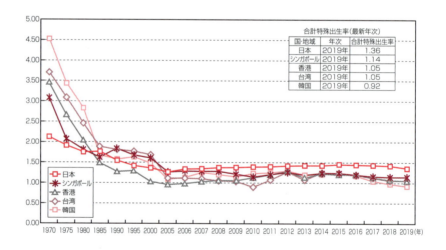

図13-8　主な国・地域の合計特殊出生率の動き（アジア）

出典：内閣府「令和3年版少子化社会対策白書」 2021年

　一方、アジアの国や地域では、経済成長が著しく、1970（昭和45）年の時点では、いずれの国も日本の水準を上回っていましたが、その後、出生率は低下傾向となり、現在では人口置換水準を下回る水準になっています（図13-8）。

　先進諸国の高齢化率を比較してみると、わが国は1980年代までは下位、1990年代にはほぼ中位でしたが、2005（平成17）年にはもっとも高い水準

第13章「保育の現状と課題」とつながる

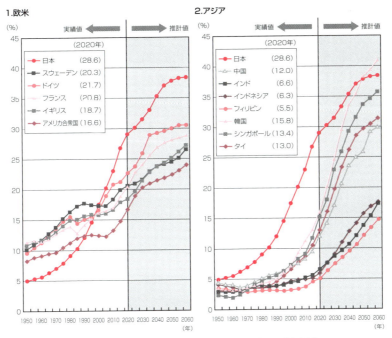

図13-9 世界の高齢化率の推移（65歳以上）

出典：内閣府「令和6年版高齢社会白書」
https://www.8.cao.go.jp/kourei/whitepaper/w-2024/zenbun/pdf/1s1s_02.pdf

となり、わが国の高齢化は、世界に例をみない速度で進行しています（図13-9）。

　わが国では、先に述べた少子化の問題も抱えており、今後ますます増えることが予想されている高齢者を少ない子どもが支えていくという、国の存続にも関わる大きな課題に直面しています。

　1990年代以降、出生率が向上した他の先進国の政策等も参考にしつつ、わが国では少子化問題の解決に向けて取り組んでいく必要があります。

（2）待機児童の問題と保育士不足の課題

　日本では、少子化の状況が続いているのにも関わらず、保育所への待機児童の問題が続き、2017（平成29）年までは、全国で2万人を超えていましたが、その後は保育所の新規開設など国を挙げての待機児童解消に向けた取り組みにより、2023（令和5）年には2千人台まで減少してきました（第10章参照）。国では、2021（令和3）年に、新子育て安心プランを策定し、さらなる保育の受け皿の確保を目指していますが、都市部では未だに待機児童が多い一方で、地方では少子化や過疎化が進むといった課題が顕在化してきました。

　近年、わが国では保育士不足が大きな課題になっています。その背景には、待機児童解消のために、受け皿としての保育所を急増しただけではなく、保育士の早期離職や、資格を持ちながらも保育職に就かない潜在保育士の問題

などがあります。そして、保育士の処遇（給与）が他職にくらべて低いということがその原因の一つとして考えられています。

こうした状況を変えるため、2015（平成27）年には厚生労働省で「保育士確保プラン」を公表し、処遇改善の方策をとってきています（図13－10）。2017（平成29）年度からは、第9章で述べたキャリアパスに関わる研修を受けることで処遇改善を行うことになっています。このことは、保育士の量的な確保だけでなく、あわせて保育士の質の担保を目指したものであり、こうした対策が有効に機能することが期待されています。

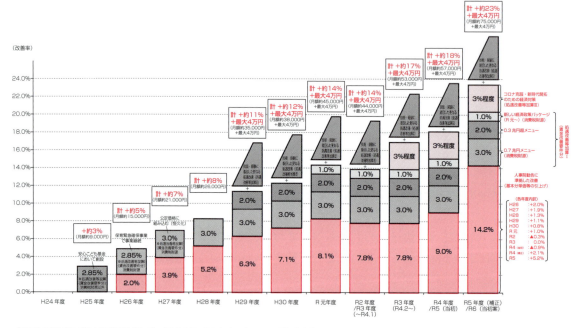

※処遇改善等加算（賃金改善要件分）は、平成25、26年度においては「保育士等処遇改善臨時特例事業」により実施
※各年度の月額給与改善額は、予算上の保育士の給与改善額
※上記の改善率は、各年度の予算における改善率を単純に足し上げたものであり、24年度と比較した実際の改善率とは異なる。
※「コロナ克服・新時代開拓のための経済対策」による処遇改善は、令和4年2～9月は「保育士・幼稚園教諭等処遇改善臨時特例事業」により実施。
令和4年10月以降は公定価格により実施（恒久化）

図13－10　保育士の処遇改善の取り組み

出典：こども家庭庁 HP より
　　　https://www.cfa.go.jp/assets/contents/node/basic_page/field_ref_resources/481073ad-6d4f-4ddb-9f39-13370dbcef18/47e7704d/20240219_councils_shingikai_kodomo_kosodate_YQvq3ixl_09.pdf

●諸外国や日本における保育の制度や状況は、年々変わってきており、またこれからも変化していくことでしょう。保育の現状や動向について自分たちでも調べることで理解を深めていきましょう。

第13章「保育の現状と課題」とつながる

ホップ　新聞やインターネット等を活用して、過去1年くらいのニュースの中から、保育に関する制度や現状に関するものを探し、その概要と自分の考えを記述してみましょう。

....

....

....

ステップ　ホップで見つけた課題をもちより、テーマごとにグループに分かれ（たとえば、少子化、待機児童、保育士不足など）、話し合ってみましょう。

....

....

....

ジャンプ　ステップでの話し合いをもとに、今後自分自身で行うことができることも含めて、文章にまとめてみましょう。

....

....

....

....

【参考文献】

ベネッセ・OECD共同研究レポート「家庭、学校、地域社会における社会情動的スキルの育成 国際的エビデンスのまとめと日本の教育実践・研究に対する示唆」2015年（http://berd.benesse.jp/feature/focus/11-OECD/pdf/FSaES_20150827.pdf）

鈴木正敏「幼児教育・保育をめぐる国際的動向」『教育学研究』第81巻第4号 pp78-90 2014年

泉千勢・厨子健一「保育カリキュラム開発の論点：OECD（2004）『5つの保育カリキュラムの概要』第2章の翻訳』『社會問題研究』第58巻 pp195-201 2009年

ジェームズ・J・ヘックマン（大竹文雄解説・古草秀子訳）『幼児教育の経済学』東洋経済新聞社 2015年

ウォルター・ミシェル（柴田裕之訳）『マシュマロ・テスト 成功する子・しない子』早川書房 2015年

中室牧子『「学力」の経済学』ディスカヴァー・トゥエンティワン 2015年

内閣府子ども・子育て本部『子ども・子育て支援新制度について』2017年（https://ninteikodomoen.or.jp/wp-content/uploads/2017/04/750f311671c8def4299b8c39bb1ebd65.pdf）

こども家庭庁ホームページ https://www.cfa.go.jp/top

索　引

あ行

愛染橋保育所　165
赤沢鍾美　165
アクティブ・ラーニング　101
足場づくり　42
アタッチメント（愛着）　31, 39, 74
アプローチカリキュラム　100
亜米利加夫人教授所　163
アリエス　150
石井十次　165
一語文　35
1.57ショック　132
インクルージョン　113
エミール　149
エレン・ケイ　153
ヴィゴツキー　42
オウエン　151
OJT　126
オーベルラン　151
Off-JT　126
恩物　152, 165

か行

学制　163
学校教育法　21, 23
家庭的保育　52
カリキュラム・マネジメント　105, 115, 116
環境　62
城戸幡太郎　166
虐待　135
キャリアパス　124
教育課程　106
教育基本法　21, 23
協同的活動　64
京都幼稚遊嬉場　163
居宅訪問型保育　52
記録　116
キンダーガルテン　152
クーイング　35
倉橋惣三　159, 165
研修　127
個人差　32
子育て支援　138
こども家庭庁　182
こども基本法　184
こども計画　185
子ども・子育て関連3法　181
子ども・子育て支援新制度　52, 181
こども大綱　185
子どもの発見　145, 150
子どもの貧困　136
コメニウス　148
5領域　69

さ行

坂元彦太郎　21
事業所内保育　52
資質・能力　25, 82, 96
指導計画　107
児童中心主義　153
児童の権利に関する条約（子どもの権利条約）　20
児童の最善の利益　17
児童福祉法　20, 23
社会情動的スキル　179
社会的参照　39
就学前の子どもに関する教育, 保育等の総合的な提供の推進に関する法律（認定こども園法）　57
守孤扶独幼稚児保護会　165
小1プロブレム　99
生涯発達　32
小学校との接続　94
小規模保育　52
消極教育　150
少子高齢化　185
情緒の安定　61
初語　35
新教育運動　153
新生児模倣　38
新・放課後子ども総合プラン　102
スタートカリキュラム　100
性格形成学院　152
省察　114
生命の保持　61
生理的早産　35
世界図絵　149
関信三　164
説明責任（アカウンタビリティ）　49
全国保育士会倫理綱領　122
全体的な計画　106
専門性　120

た行

待機児童　133, 187

タブラ・ラサ（精神白紙説） 36, 149
担当制 74
地域型保育 52
地域子ども・子育て支援事業 182
テ・ファリキ 180
デューイ 153
寺子屋（手習い所） 162
東京女子師範学校附属幼稚園 21, 164
豊田芙雄 165

な行

内容 58, 69
喃語 35
乳児等通園支援事業（こども誰でも通園制度） 68
認定こども園 50
ねらい 58, 69
農繁期託児所 165
野口幽香 165

は行

発達過程 36
発達の最近接領域 42
反省的実践家 122
PDCAサイクル 113
PISA 176
非認知能力 171, 178
双葉幼稚園 165
フレーベル 152
ペスタロッチー 151
ペリー就学前教育プロジェクト 177
保育教諭 51
保育士 24
保育所 46
保育所運営要領 167
保育所保育指針 21, 48, 56, 95, 107, 120, 138
保育の目標 24, 57
保育要領 －幼児教育の手引き－ 167
放課後子ども教室 102
放課後児童クラブ 102
ポルトマン 35

ま行

マシュマロ実験 179
松野クララ 165
見方・考え方 82, 85
3つの視点 70
ミラーニューロン 38
森島峰 165
モンテッソーリ 154

や行

誘導保育論 159
養護と教育 22, 55, 60
幼児期の終わりまでに育ってほしい姿 25, 83, 93, 96
幼児教育 21
幼児教育を行う施設 22, 45
幼稚園 49
幼稚園教育要領 21, 94, 107
幼稚園教諭 50
幼稚園令 166
幼保連携型認定こども園 51
幼保連携型認定こども園教育・保育要領 21, 95, 115

ら行

リアリティ・ショック 125
ルソー 149
レジリエンス 128
レッジョ・エミリア 180
6領域 167
ロック 149

・編著者紹介

井上　孝之（いのうえ　たかゆき）
　東北大学大学院教育学研究科博士課程前期2年の課程終了。修士（教育学）。
　現在、岩手県立大学社会福祉学部准教授。
・主な著書
　『小1プロブレムを防ぐ保育内容・理論編』（共著）クリエイツかもがわ　2013年
　『子どもと共に学びあう　演習・保育内容総論』（編著）みらい　2014年
　『子どもと共に育ちあう　エピソード保育者論』（編著）みらい　2016年
　『社会・情動発達とその支援（講座・臨床発達心理学）』（共著）ミネルヴァ書房　2017年
・メッセージ
　自ら学び続け、次代を担う保育者になられることを切に願っています。

小原　敏郎（おはら　としお）
　東京学芸大学大学院連合学校教育学研究科学校教育学専攻修了。博士（教育学）。
　臨床発達心理士。現在、共立女子大学家政学部児童学科教授。
・主な著書
　『保育者のためのキャリア形成論』（編著）建帛社　2015年
　『演習・保育と保護者への支援－保育相談支援－』（編著）みらい　2016年
　『子ども・保護者・学生が共に育つ　保育・子育て支援演習』（編著）萌文書林　2017年
・メッセージ
　「いま・ここで・あたらしく」、自分の信じた道を進んでください。保育は創造的で楽しい活動ですよ。誠実に取組んでいればきっと道はひらけます。

三浦　主博（みうら　きみひろ）
　東北大学大学院教育学研究科博士課程後期3年の課程満期退学。修士（教育学）。
　現在、仙台白百合女子大学 教授。
・主な著書
　『子どもと関わる人のための心理学』（編著）萌文書林　2020年
　『演習・保育と子育て支援』（編著）みらい　2019年
　『子どもの育ちと多様性に向き合う障害児保育 －ソーシャルインクルージョン時代における理論と実践－』（編著）みらい　2024年
・メッセージ
　「保育」は奥が深く、いくら学んでも尽きることはありません。皆さんも楽しみながら学んでいきましょう。

シリーズ 知のゆりかご
つながる保育原理〔第2版〕

2018年3月20日　初版第1刷発行
2024年3月1日　初版第8刷発行
2025年4月1日　第2版第1刷発行

編　　集	井上　孝之
	小原　敏郎
	三浦　主博
発行者	竹鼻　均之
発行所	㈱みらい

〒500-8137　岐阜市東興町40　第5澤田ビル
TEL　058-247-1227㈹
FAX　058-247-1218
https://www.mirai-inc.jp/

印刷・製本　サンメッセ株式会社

ISBN978-4-86015-647-3 C3337
Printed in Japan　　　　　　　　乱丁本・落丁本はお取り替え致します。